書名：平洋地理闡秘
系列：心一堂術數古籍珍本叢刊　堪輿類
作者：心一堂編
主編、責任編輯：陳劍聰
心一堂術數古籍珍本叢刊編校小組：陳劍聰　素聞　梁松盛　鄒偉才　虛白盧主

出版：心一堂有限公司
通訊地址：香港九龍旺角彌敦道六一〇號荷李活商業中心十八樓〇五—〇六室
深港讀者服務中心·中國深圳市羅湖區立新路六號羅湖商業大廈負一層〇〇八室
電話號碼：(852)67150840
網址：publish.sunyata.cc
電郵：sunyatabook@gmail.com
網店：http://book.sunyata.cc
淘寶店地址：https://shop210782774.taobao.com
微店地址：https://weidian.com/s/1212826297
臉書：https://www.facebook.com/sunyatabook
讀者論壇：http://bbs.sunyata.cc/

版次：二零一四年二月初版
平裝

港幣　二百五十元正
定價：人民幣　二百五十元正
新台幣　九百八十元正

國際書號：ISBN 978-988-8266-47-0

香港發行：香港聯合書刊物流有限公司
地址：香港新界大埔汀麗路36號中華商務印刷大廈3樓
電話號碼：(852)2150-2100
傳真號碼：(852)2407-3062
電郵：info@suplogistics.com.hk

台灣發行：秀威資訊科技股份有限公司
地址：台灣台北市內湖區瑞光路七十六巷六十五號一樓
電話號碼：+886-2-2796-3638
傳真號碼：+886-2-2796-1377
網絡書店：www.bodbooks.com.tw
台灣國家書店讀者服務中心：
地址：台灣台北市中山區松江路二〇九號一樓
電話號碼：+886-2-2518-0207
傳真號碼：+886-2-2518-0778
網絡書店：http://www.govbooks.com.tw

中國大陸發行　零售：深圳心一堂文化傳播有限公司
深圳地址：深圳市羅湖區立新路六號羅湖商業大廈負一層〇〇八室
電話號碼：(86)0755-82224934

心一堂微店二維碼

心一堂淘寶店二維碼

心一堂術數古籍 珍本 整理 叢刊 總序

術數定義

術數，大概可謂以「推算（推演）、預測人（個人、群體、國家等）、事、物、自然現象、時間、空間方位等規律及氣數，並或通過種種『方術』，從而達致趨吉避凶或某種特定目的」之知識體系和方法。

術數類別

我國術數的內容類別，歷代不盡相同，例如《漢書·藝文志》中載，漢代術數有六類：天文、曆譜、五行、蓍龜、雜占、形法。至清代《四庫全書》，術數類則有：數學、占候、相宅相墓、占卜、命書、相書、陰陽五行、雜技術等，其他如《後漢書·方術部》、《藝文類聚·方術部》、《太平御覽·方術部》等，對於術數的分類，皆有差異。古代多把天文、曆譜、及部份數學均歸入術數類，而民間流行亦視傳統醫學作為術數的一環；此外，有些術數與宗教中的方術亦往往難以分開。現代學界則常將各種術數歸納為五大類別：命、卜、相、醫、山，通稱「五術」。

本叢刊在《四庫全書》的分類基礎上，將術數分為九大類別：占筮、星命、相術、堪輿、選擇、三式、讖諱、理數（陰陽五行）、雜術（其他）。而未收天文、曆譜、算術、宗教方術、醫學。

術數思想與發展——從術到學，乃至合道

我國術數是由上古的占星、卜筮、形法等術發展下來的。其中卜筮之術，是歷經夏商周三代而通過「龜卜、蓍筮」得出卜（筮）辭的一種預測（吉凶成敗）術，之後歸納並結集成書，此即現傳之《易經》。

經過春秋戰國至秦漢之際，受到當時諸子百家的影響、儒家的推崇，遂有《易傳》等的出現，原本是卜筮術書的《易經》，被提升及解讀成有包涵「天地之道（理）」之學。因此，《易・繫辭傳》曰：「易與天地準，故能彌綸天地之道。」

漢代以後，易學中的陰陽學說，與五行、九宮、干支、氣運、災變、律曆、卦氣、讖緯、天人感應說等相結合，形成易學中象數系統。而其他原與《易經》本來沒有關係的術數，如占星、形法、選擇，亦漸漸以易理（象數學說）為依歸。《四庫全書・易類小序》云：「術數之興，多在秦漢以後。要其旨，不出乎陰陽五行，生尅制化。實皆《易》之支派，傳以雜說耳。」至此，術數可謂已由「術」發展成「學」。

及至宋代，術數理論與理學中的河圖洛書、太極圖、邵雍先天之學及皇極經世等學說給合，通過術數以演繹理學中「天地中有一太極，萬物中各有一太極」（《朱子語類》）的思想。術數理論不單已發展至十分成熟，而且也從其學理中衍生一些新的方法或理論，如《梅花易數》、《河洛理數》等。

在傳統上，術數功能往往不止於僅僅作為趨吉避凶的方術，及「能彌綸天地之道」的學問，亦有其「修心養性」的功能，「與道合一」（修道）的內涵。《素問・上古天真論》：「上古之人，其知道者，法於陰陽，和於術數。」數之意義，不單是外在的算數、歷數、氣數，而是與理學中同等的「道」、「理」--心性的功能，北宋理氣家邵雍對此多有發揮：「聖人之心，是亦數也」、「萬化萬事生乎心」、「心為太極」。《觀物外篇》：「先天之學，心法也。……蓋天地萬物之理，盡在其中矣，心一而不分，則能應萬物。」反過來說，宋代的術數理論，受到當時理學、佛道及宋易影響，認為心性本質上是等同天地之太極。天地萬物氣數規律，能通過內觀自心而有所感知，即是內心也已具備有術數的推演及預測、感知能力；相傳是邵雍所創之《梅花易數》，便是在這樣的背景下誕生。

《易・文言傳》已有「積善之家，必有餘慶；積不善之家，必有餘殃」之說，至漢代流行的災變說及讖緯說，我國數千年來都認為天災，異常天象（自然現象），皆與一國或一地的施政者失德有關；下至家族、個人之盛衰，也都與一族一人之德行修養有關。因此，我國術數中除了吉凶盛衰理數之外，人心的德行修養，也是趨吉避凶的一個關鍵因素。

術數與宗教、修道

在這種思想之下，我國術數不單只是附屬於巫術或宗教行為的方術，又往往是一種宗教的修煉手段－通過術數，以知陰陽，乃至合陰陽（道）。「其知道者，法於陰陽，和於術數。」例如，「奇門遁甲」術中，即分為「術奇門」與「法奇門」兩大類。「法奇門」中有大量道教中符籙、手印、存想、內煉的內容，是道教內丹外法的一種重要外法修煉體系。甚至在雷法一系的修煉上，亦大量應用了術數內容。此外，相術、堪輿術中也有修煉望氣（氣的形狀、顏色）的方法；堪輿家除了選擇陰陽宅之吉凶外，也有道教中選擇適合修道環境（法、財、侶、地中的地）的方法，以至通過堪輿術觀察天地山川陰陽之氣，亦成為領悟陰陽金丹大道的一途。

易學體系以外的術數與的少數民族的術數

我國術數中，也有不用或不全用易理作為其理論依據的，如揚雄的《太玄》、司馬光的《潛虛》。也有一些占卜法、雜術不屬於《易經》系統，不過對後世影響較少而已。

外來宗教及少數民族中也有不少雖受漢文化影響（如陰陽、五行、二十八宿等學說）但仍自成系統的術數，如古代的西夏、突厥、吐魯番等占卜及星占術，藏族中有多種藏傳佛教占卜術、苯教占卜術、擇吉術、推命術、相術等；北方少數民族有薩滿教占卜術；不少少數民族如水族、白族、布朗族、佤族、彝族、苗族等，皆有占雞（卦）草卜、雞蛋卜等術，納西族的占星術、占卜術，彝族畢摩的推命術、占卜術……等等，都是屬於《易經》體系以外的術數。相對上，外國傳入的術數以及其理論，對我國術數影響更大。

曆法、推步術與外來術數的影響

我國的術數與曆法的關係非常緊密。早期的術數中，很多是利用星宿或星宿組合的位置（如某星在某州或某宮某度）付予某種吉凶意義，并據之以推演，例如歲星（木星）、月將（某月太陽所躔之宮次）等。不過，由於不同的古代曆法推步的誤差及歲差的問題，若干年後，其術數所用之星辰的位置，已與真實星辰的位置不一樣了；此如歲星（木星），早期的曆法及術數以十二年為一周期（以應地支），與木星真實周期十一點八六年，每幾十年便錯一宮。後來術家又設一「太歲」的假想星體來解決，是歲星運行的相反，週期亦剛好是十二年。而術數中的神煞，很多即是根據太歲的位置而定。又如六壬術中的「月將」，原是立春節氣後太陽躔娵訾之次而稱作「登明亥將」，至宋代，因歲差的關係，要到雨水節氣後太陽才躔娵訾之次，當時沈括提出了修正，但明清時六壬術中「月將」仍然沿用宋代沈括修正的起法沒有再修正。

由於以真實星象周期的推步術是非常繁複，而且古代星象推步術本身亦有不少誤差，大多數術數除依曆書保留了太陽（節氣）、太陰（月相）的簡單宮次計算外，漸漸形成根據干支、日月等的各自起例，以起出其他具有不同含義的眾多假想星象及神煞系統。唐宋以後，我國絕大部份術數都主要沿用這一系統，也出現了不少完全脫離真實星象的術數，如《子平術》，《紫微斗數》、《鐵版神數》等。後來就連一些利用真實星辰位置的術數，如《七政四餘術》及選擇法中的《天星選擇》，也已與假想星象及神煞混合而使用了。

隨着古代外國曆（推步）、術數的傳入，如唐代傳入的印度曆法及術數，元代傳入的回回曆等，其中我國占星術便吸收了印度占星術中羅睺星、計都星等而形成四餘星，又通過阿拉伯占星術而吸收了其中來自希臘、巴比倫占星術的黃道十二宮、四元素學說（地、水、火、風），並與我國傳統的二十八宿、五行說、神煞系統並存而形成《七政四餘術》。此外，一些術數中的北斗星名，不用我國傳統的星名：天樞、天璇、天璣、天權、玉衡、開陽、搖光，而是使用來自印度梵文所譯的：貪狼、巨門、祿存、文曲，廉貞、武曲、破軍等，此明顯是受到唐代從印度傳入的曆法及占星術所影響。如星命術的《紫微斗數》及堪輿術的《撼龍經》

等文獻中，其星皆用印度譯名。及至清初《時憲曆》，置閏之法則改用西法「定氣」。清代以後的術數，又作過不少的調整。

陰陽學——術數在古代、官方管理及外國的影響

術數在古代社會中一直扮演着一個非常重要的角色，影響層面不單只是某一階層、某一職業、某一年齡的人，而是上自帝王，下至普通百姓，從出生到死亡，不論是生活上的小事如洗髮、出行等，大事如建房、入伙、出兵等，從個人、家族以至國家，從天文、氣象、地理到人事、軍事，從民俗、學術到宗教，都離不開術數的應用。我國最晚在唐代開始，已把以上術數之學，稱作陰陽（學），行術數者稱陰陽人。（敦煌文書、斯四三二七唐《師師漫語話》：「以下說陰陽人謾語話」，此說法後來傳入日本，今日本人稱行術數者為「陰陽師」）。一直到了清末，欽天監中負責陰陽術數的官員中，以及民間術數之士，仍名陰陽生。

古代政府的中欽天監（司天監），除了負責天文、曆法、輿地之外，亦精通其他如星占、選擇、堪輿等術數，除在皇室人員及朝庭中應用外，也定期頒行日書、修定術數，使民間對於天文、日曆用事吉凶及使用其他術數時，有所依從。

中國古代政府對官方及民間陰陽學及陰陽官員，從其內容、人員的選拔、培訓、認證、考核、律法監管等，都有制度。至明清兩代，其制度更為完善、嚴格。

宋代官學之中，課程中已有陰陽學及其考試的內容。（宋徽宗崇寧三年〔一一零四年〕崇寧算學令：「諸學生習……並曆算、三式、天文書。」，「諸試……三式即射覆及預占三日陰陽風雨。天文即預定一月

或一季分野災祥，並以依經備草合問為通。」

金代司天臺，從民間「草澤人」（即民間習術數之士）考試選拔：「其試之制，以《宣明曆》試推步，及《婚書》、《地理新書》試合婚、安葬，並《易》筮法，六壬課、三命、五星之術。」（《金史》卷五十一・志第三十二・選舉一）

元代為進一步加強官方陰陽學對民間的影響、管理、控制及培育，除沿襲宋代、金代在司天監掌管陰陽學及中央的官學陰陽學課程之外，更在地方上增設陰陽學之課程（《元史・選舉志一》：「世祖至元二十八年夏六月始置諸路陰陽學。」）地方上也設陰陽學教授員，培育及管轄地方陰陽人。（《元史・選舉志一》：「（元仁宗）延祐初，令陰陽人依儒醫例，於路、府、州設教授員，凡陰陽人皆管轄之，而上屬於太史焉。」）自此，民間的陰陽術士（陰陽人），被納入官方的管轄之下。

至明清兩代，陰陽學制度更為完善。中央欽天監掌管陰陽學，明代地方縣設陰陽學正術，各州設陰陽學典術，各縣設陰陽學訓術。陰陽人從地方陰陽學肆業或被選拔出來後，再送到欽天監考試。（《大明會典》卷二二三：「凡天下府州縣舉到陰陽人堪任正術等官者，俱從吏部送（欽天監），考中，送回選用；不中者發回原籍為民，原保官吏治罪。」）清代大致沿用明制，凡陰陽術數之流，悉歸中央欽天監及地方陰陽官員管理、培訓、認證。至今尚有「紹興府陰陽印」、「東光縣陰陽學記」等明代銅印，及某某縣某某之清代陰陽執照等傳世。

清代欽天監漏刻科對官員要求甚為嚴格。《大清會典》「國子監」規定：「凡算學之教，設肄業生。滿洲十有二人，蒙古、漢軍各六人，於各旗官學內考取。漢十有二人，於舉人、貢監生童內考取。附學生二十四人，由欽天監選送。教以天文演算法諸書，五年學業有成，舉人引見以欽天監博士用，貢監生童以天文生補用。」學生在官學肄業、貢監生肄業或考得舉人後，經過了五年對天文、算法、陰陽學的學習，其中精通陰陽術數者，會送往漏刻科。而在欽天監供職的官員，《大清會典則例》「欽天監」規定：「本監官生三年考核一次，術業精通者，保題升用。不及者，停其升轉，再加學習。如能黽勉供職，即予開複。仍不及者，降職一等，再令學習三年，能習熟者，准予開複，仍不能者，黜退。」除定期考核以定其升用降職外，《大清律例》中對陰陽術士不準確的推斷（妄言禍福）是要治罪的。《大清律例・一七八・術七・妄言禍福》：「凡陰陽術士不許於大小文武官員之家妄言禍福，違者杖一百。其依經推算星命卜課，不在禁限。」大小文武官員延請的陰陽術士，自然是以欽天監漏刻科官員或地方陰陽官員為主。

官方陰陽學制度也影響鄰國如朝鮮、日本、越南等地，一直到了民國時期，鄰國仍然沿用着我國的多種術數。而我國的漢族術數，在古代甚至影響遍及西夏、突厥、吐蕃、阿拉伯、印度、東南亞諸國。

術數研究

術數在我國古代社會雖然影響深遠，「是傳統中國理念中的一門科學，從傳統的陰陽、五行、九宮、八卦、河圖、洛書等觀念作大自然的研究。……傳統中國的天文學、數學、煉丹術等，要到上世紀中葉始受世界學者肯定。可是，術數還未受到應得的注意。術數在傳統中國科技史、思想史，文化史、社會史，甚至軍事史都有一定的影響。……更進一步了解術數，我們將更能了解中國歷史的全貌。」（何丙郁《術數、天文與醫學中國科技史的新視野》，香港城市大學中國文化中心。）

可是術數至今一直不受正統學界所重視，加上術家藏秘自珍，又揚言天機不可洩漏，「（術數）乃吾國科學與哲學融貫而成一種學說，數千年來傳衍嬗變，或隱或現，全賴一二有心人為之繼續維繫，賴以不絕，其中確有學術上研究之價值，非徒癡人說夢，荒誕不經之謂也。其所以至今不能在科學中成立一種地位者，實有數困。蓋古代士大夫階級目醫卜星相為九流之學，多恥道之；而發明諸大師又故為惝恍迷離之辭，以待後人探索；間有一二賢者有所發明，亦秘莫如深，既恐洩天地之秘，復恐譏為旁門左道，始終不肯公開研究，成立一有系統說明之書籍，貽之後世。故居今日而欲研究此種學術，實一極困難之事。」（民國徐樂吾《子平真詮評註》，方重審序）

現存的術數古籍，除極少數是唐、宋、元的版本外，絕大多數是明、清兩代的版本。其內容也主要是明、清兩代流行的術數，唐宋以前的術數及其書籍，大部份均已失傳，只能從史料記載、出土文獻、敦煌遺書中稍窺一鱗半爪。

術數版本

坊間術數古籍版本，大多是晚清書坊之翻刻本及民國書賈之重排本，其中豕亥魚魯，或而任意增刪，往往文意全非，以至不能卒讀。現今不論是術數愛好者，還是民俗、史學、社會、文化、版本等學術研究者，要想得一常見術數書籍的善本、原版，已經非常困難，更遑論稿本、鈔本、孤本。在文獻不足及缺乏善本的情況下，要想對術數的源流、理法、及其影響，作全面深入的研究，幾不可能。

有見及此，本叢刊編校小組經多年努力及多方協助，在中國、韓國、日本等地區搜羅了一九四九年以前漢文為主的術數類善本、珍本、鈔本、孤本、稿本、批校本等數百種，精選出其中最佳版本，分別輯入兩個系列：

一、心一堂術數古籍珍本叢刊

二、心一堂術數古籍整理叢刊

前者以最新數碼技術清理、修復珍本原本的版面，更正明顯的錯訛，部份善本更以原色精印，務求更勝原本，以饗讀者。後者延請、稿約有關專家、學者，以善本、珍本等作底本，參以其他版本，進行審定、校勘、注釋，務求打造一最善版本，供現代人閱讀、理解、研究等之用。不過，限於編校小組的水平，版本選擇及考證、文字修正、提要內容等方面，恐有疏漏及舛誤之處，懇請方家不吝指正。

心一堂術數古籍 珍本 / 整理 叢刊編校小組

二零一三年九月修訂

欽加三品頂戴即選道江蘇松江府正堂加十級紀錄十次博　為

通飭事光緒七年十月二十三日據奉南紳士職稟生監李麟書唐宗仁金廷獬楊士翹唐學川顧清澄主允升周耕華等稟稱切照紳民安塟各有定期棍徒阻撓本干法紀松郡各邑近來有種無賴之徒胸無點墨妄稱堪輿平空看碍以為生計遇有塟事往往藉干碍為由煽惑鄉愚多方攔阻既塟之後附近村民稍有疾病動輒慫唆抬往吵鬧百般抑勒不詐不休看碍之徒得以從中漁利或有死喪更為奇貨塟親之家惟愿買靜求安出錢了事不與計較以致若輩視同利藪愈肆無忌串詐分肥日甚一日富者

視葬事為畏途貧者自覺無力而久擱停棺累累皆
由安葬艱難之故也伏思停棺不葬例有明條掩體
埋胔仁政所重且擇吉避凶原有
欽定協紀辨方暨時憲書可稽其餘異術本不足據光
天化日之下豈容魑魅晝行惟查此等棍徒名為九
流行縱莫定其人非出一縣其風閤郡皆然不求通
檄示禁貽害無窮生等仰體
大憲興仁除莠為此聯名環求伏乞俯鑒地方流弊
恩檄各廳縣一體刊刻簡明告示徧貼城鄉嚴行禁
約隨時查究一面曉諭居民及時安葬不准鄉愚阻
撓騷擾地方并諭善堂董認真收埋以慰幽魂而安
泉壤閭閻戴德枯骨沾恩等情到府據查停棺不葬

最為弊俗即經本府曉示並諭飭堂董查明無主無力之家分別辦理在案據稟近有託為堪輿藉稱看碍鄉愚被其煽惑輒向塋主詐擾以致營葬艱難愈多停擱此等惡習閤郡皆然亟宜從嚴懲創合亟通飭為此移貴廳扎到該縣立即遵照查明如有不法棍徒藉端阻塟即行隨時提案究辦一面出示諭禁並照會善堂董事認真收埋毋任稍有暴露切切須移特扎

光緒七年十一月初二日行文

移川沙廳扎七縣

闢鄉愚硬牽八線之謬

余弱冠時即嗜地學詩文之暇流覽通書每聞鄉中塟事有八線礙之說俗誤以子午卯酉辰戌丑未為八線翻閱諸書並無一部見此說者遍攷同人質之先進皆曰無之及從遊雲間高蔚雲先生師曰此世俗串詐之流弊也得賄者曰不礙不得賄而冀以賄者曰有礙　余又問

此說從何而起曰從前擇日安塟不限定在大臘必須百步之內格清神殺不致干犯後來業此者愈趨愈下略識羅經上幾字以訛傳訛不辨意義遂至誤認成此濈俗近日此風更甚詈有無恥之徒無人延請專以造言生事煽惑愚氓暗圖賄賂不遂其意即凴空結撰謂某線礙某家某線礙此家明理者聞之

固多不信鄉愚無知往往輕則開口費錢重則阻墓涉訟甚或毆打傷命釀成巨禍再有庸碌之輩陰一句陽一句一似八線有底一似八線無底使人疑惑不定又有乖之人明知八線之本無而固流合汙不肯直言其無所以世俗之人只道八線真有底疑心莫釋禍胎從此種矣豈知地貴龍真穴的有此惡習

焉能點定真穴、此都是無行地師、平素不肯用心習學作此絕子亡孫之事、自誤誤人、貽禍不淺、余欲覺悟斯世、用記片言、以告世之學地理者、有書為証、查看協紀辨方、神殺礙方、熟玩自明、

礙方之說、書固有之、礙線之說、書實無之、線是何物、而力量可以礙人乎、夫造葬二事、時未交臘不

陽河道百步之內方道有神殺有制則可用無制
則不可犯直要格清一方非止一線而已也二十
四位有殺則方方宜避無殺則方方不忌不拘定
何方妄將八線硬牽造比墓尤重蓋墓暫而造久
也若交大膈方諸神朝天方位多空矣一局之內
所仍宜避者亦甚寥寥而已今且問你八線之礙

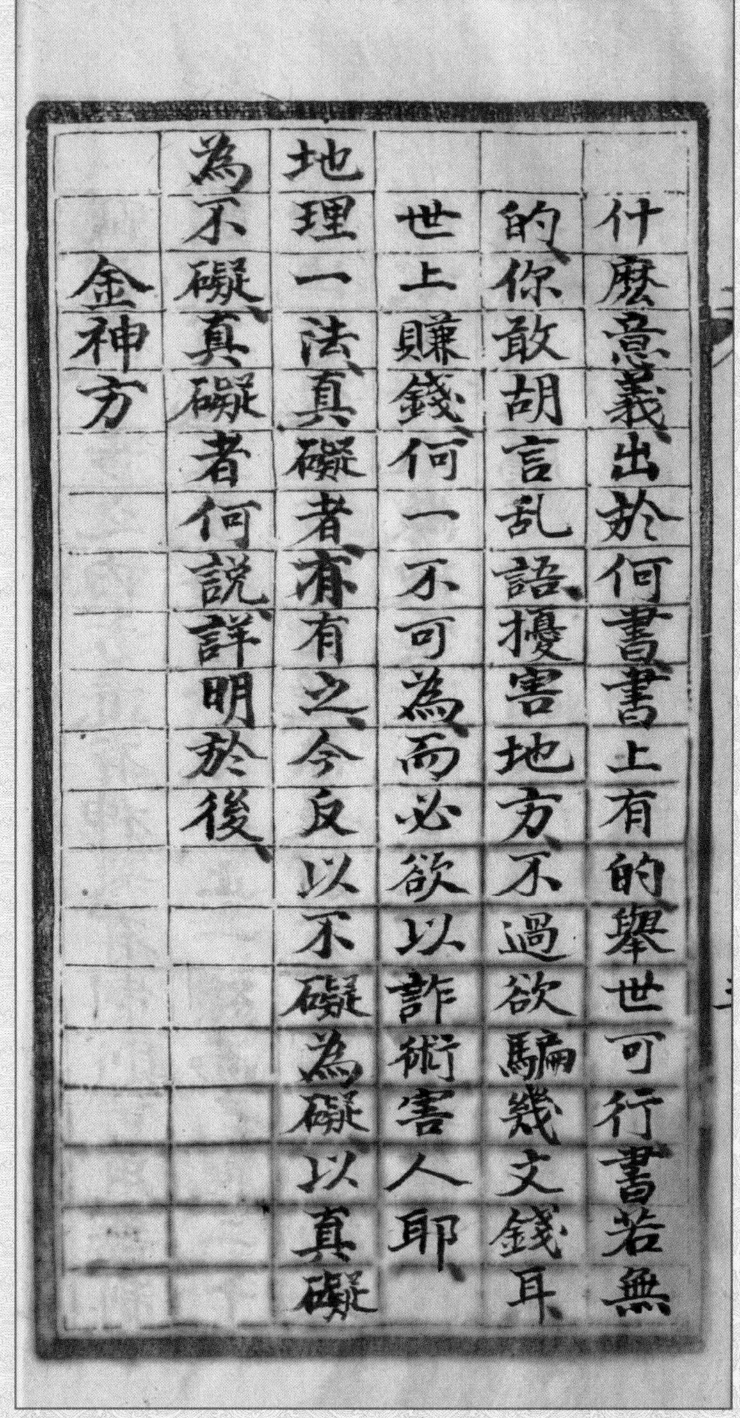
什麽意義出於何書書上有的舉世可行書若無的你敢胡言乱語擾害地方不過欲騙幾文錢耳世上賺錢何一不可為而必欲以詐術害人耶

地理一法真礙者有有之今反以不礙為礙以真礙為不礙真礙者何說詳明於後

金神方

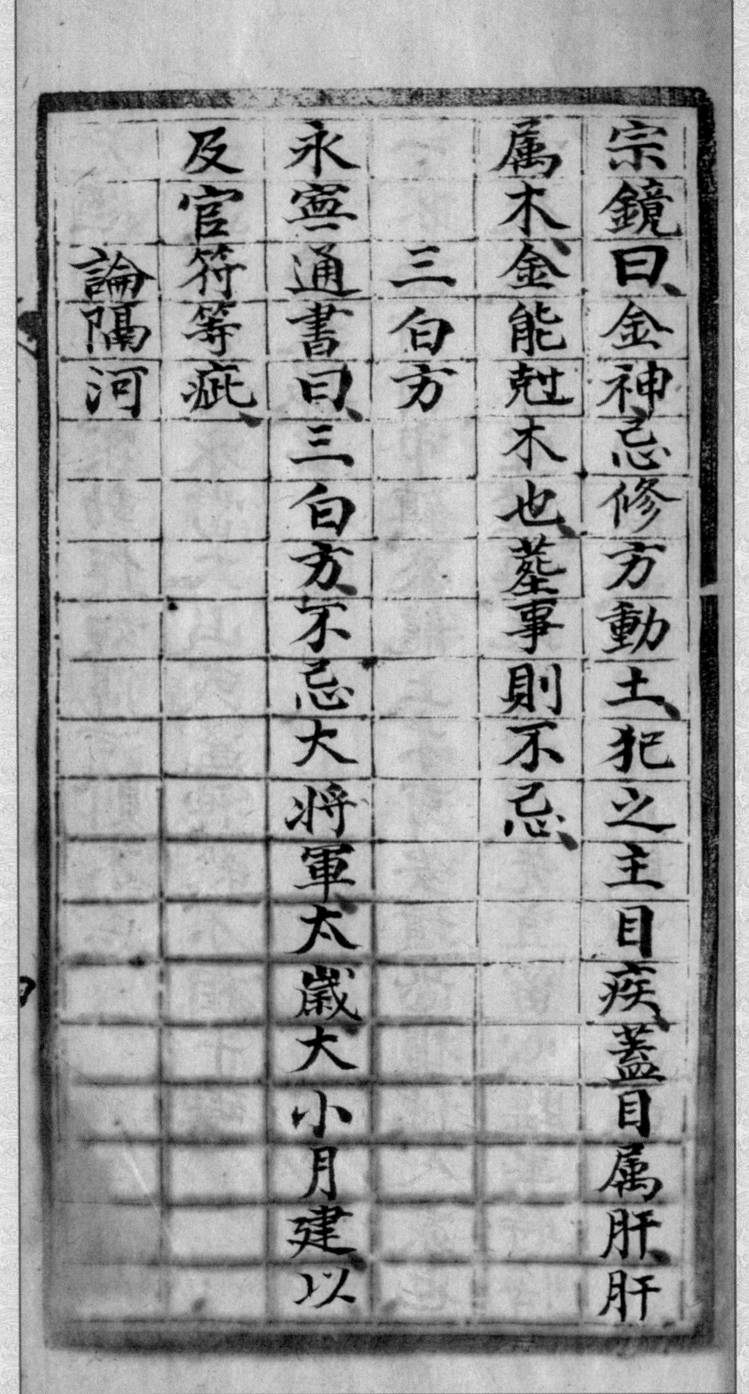
宗鏡曰金神忌修方動土犯之主目疾蓋目屬肝肝屬木金能尅木也葬事則不忌

三白方

永寧通書曰三白方不忌大將軍太歲大小月建以及官符等瘀

論陽河

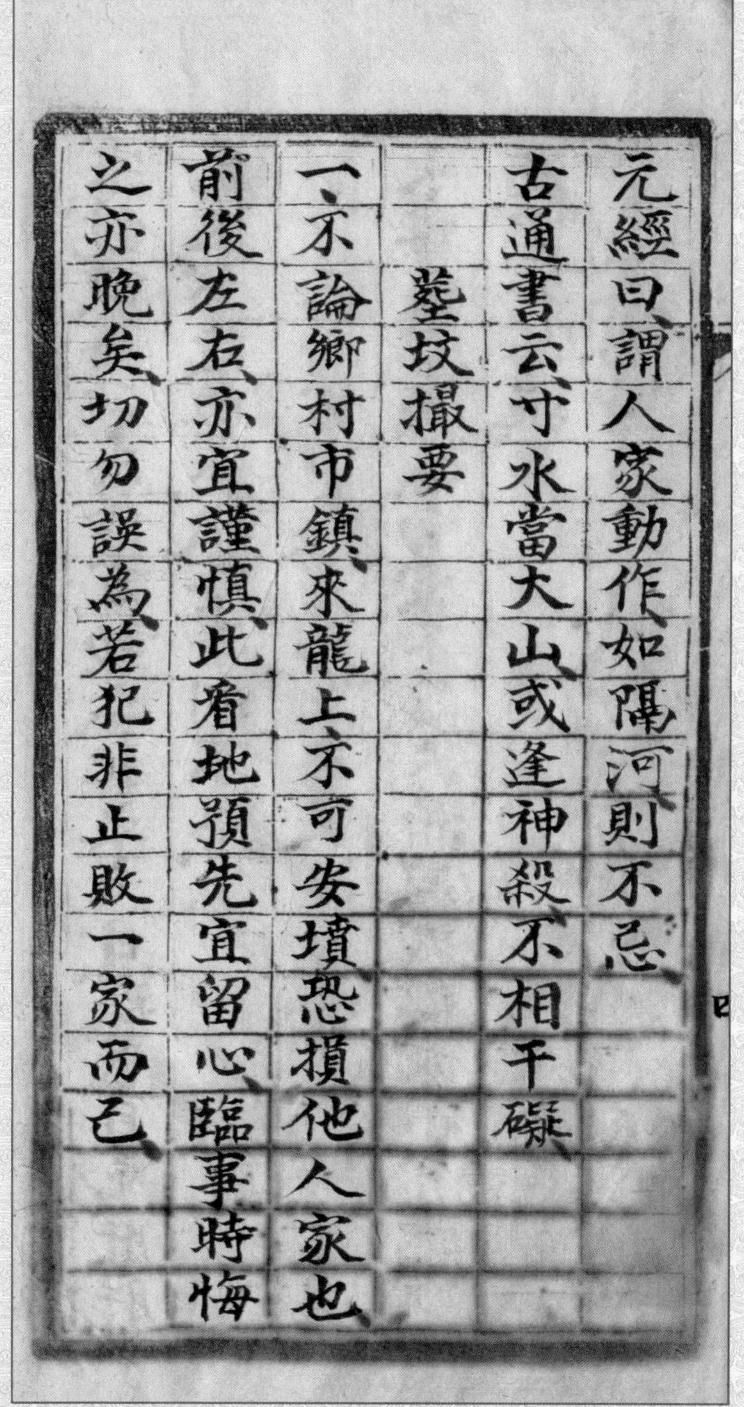

元經曰謂人家動作如隔河則不忌

古通書云寸水當大山或逢神殺不相干礙

塋坟撮要

一不論鄉村市鎮來龍上不可安墳恐損他人家也前後左右亦宜謹慎此看地須先宜留心臨事時悔之亦晚矣切勿誤為若犯非止敗一家而已

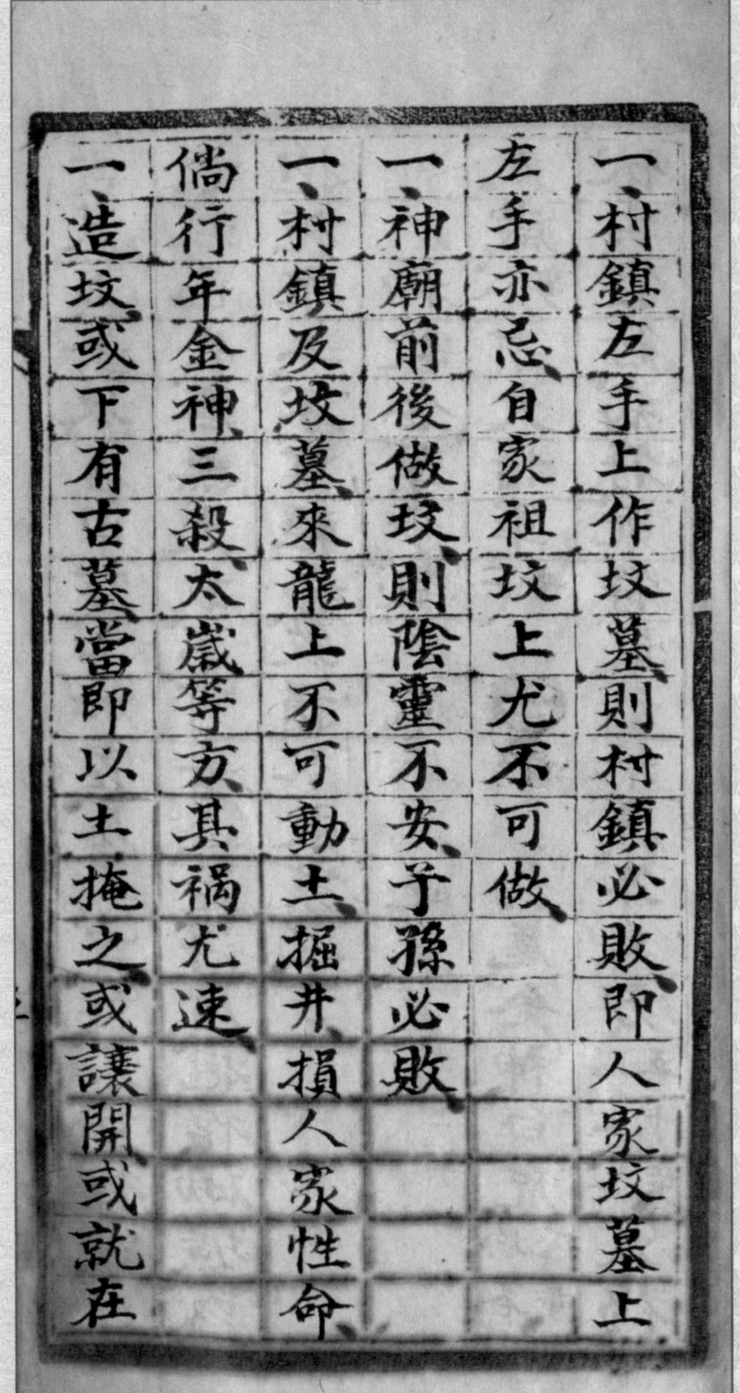

一村鎮左手上作坟墓則村鎮必敗即人家坟墓上左手亦忌自家祖坟上尤不可做

一神廟前後做坟則陰靈不安子孫必敗

一村鎮及坟墓來龍上不可動土掘井損人家性命倘行年金神三殺太歲等方其禍尤速

一造坟或下有古墓當即以土掩之或讓開或就在

古墓上安坟、名曰官上加官、屢見吉祥、不可掘毀一坟已安寧、無大故、不可妄遷、若浮厝抱棺、砌壙、或抱柩堆土、不可輕移、致損人敗家也

神殺合禁步數　載三台通書

太歲八十步、大將軍一百步、愽士、黃旛、豹尾、金神、白虎均各六十步伏兵、官符、病符、死符、歲刑、飛廉、年黑方以上各五十步大禍

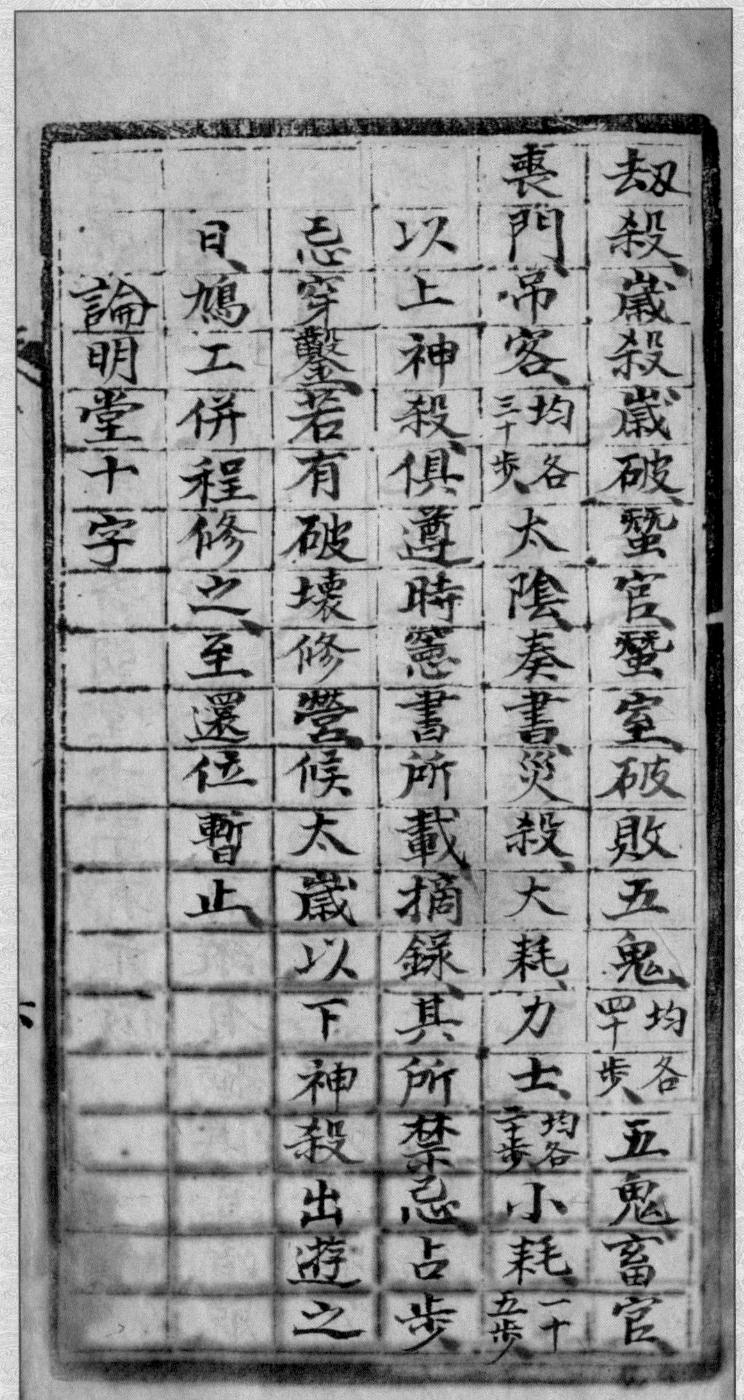

刼殺、歲殺、歲破、蠶官、蠶室、破敗、五鬼、均各四十步五鬼、畜官、

喪門、弔客、均各三十步太陰、奏書、災殺、大耗、力士、均各二十五步小耗、一十五步

以上神殺俱遵時憲書所載摘錄其所禁忌占步

忌穿鑿若有破壞修營候太歲以下神殺出遊之

日鳩工併程修之至還位暫止

論明堂十字

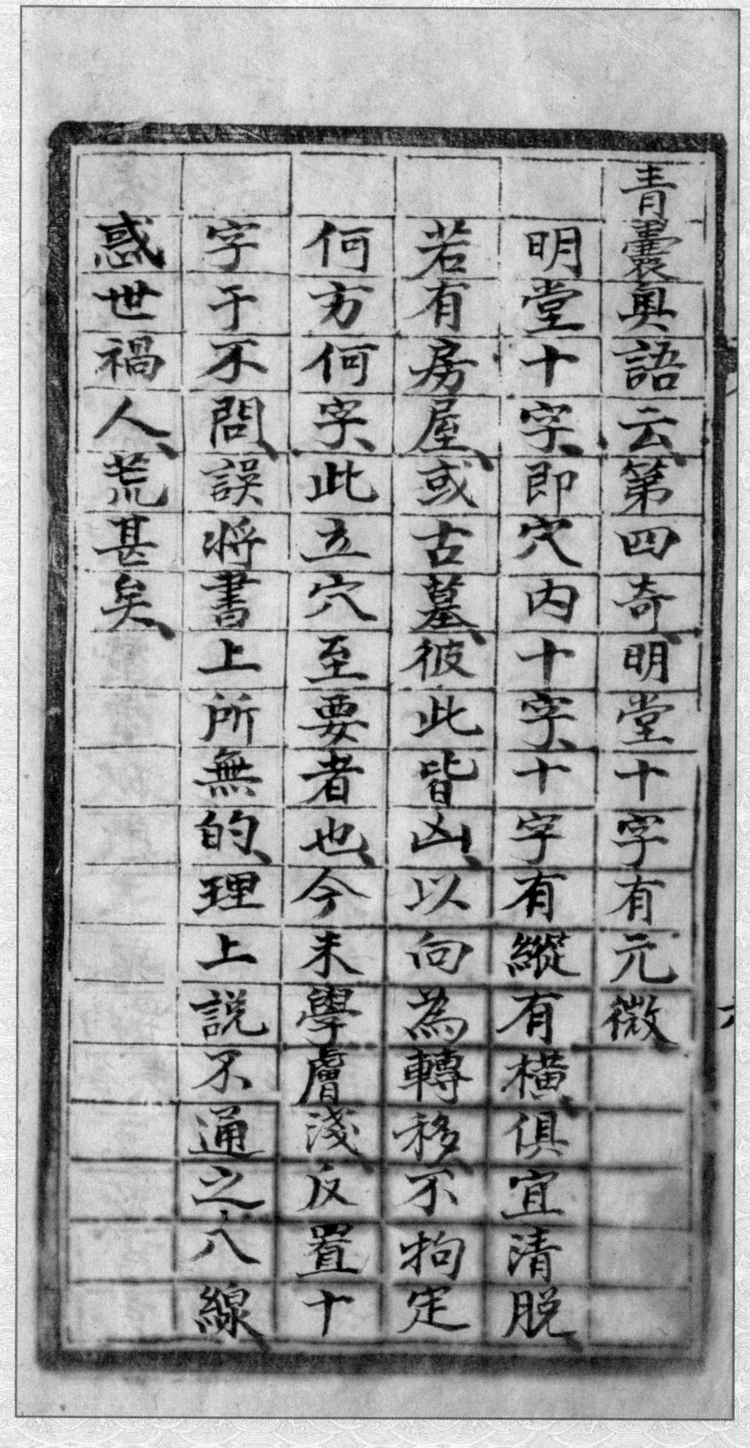

青囊奧語云第四奇明堂十字有元微
明堂十字即穴內十字十字有縱有橫俱宜清脫
若有房屋或古墓彼此皆山以向為轉移不拘定
何方何字此立穴至要者也今未學膚淺反置十
字于不問誤將書上所無的理上說不通之八線
惑世禍人荒甚矣

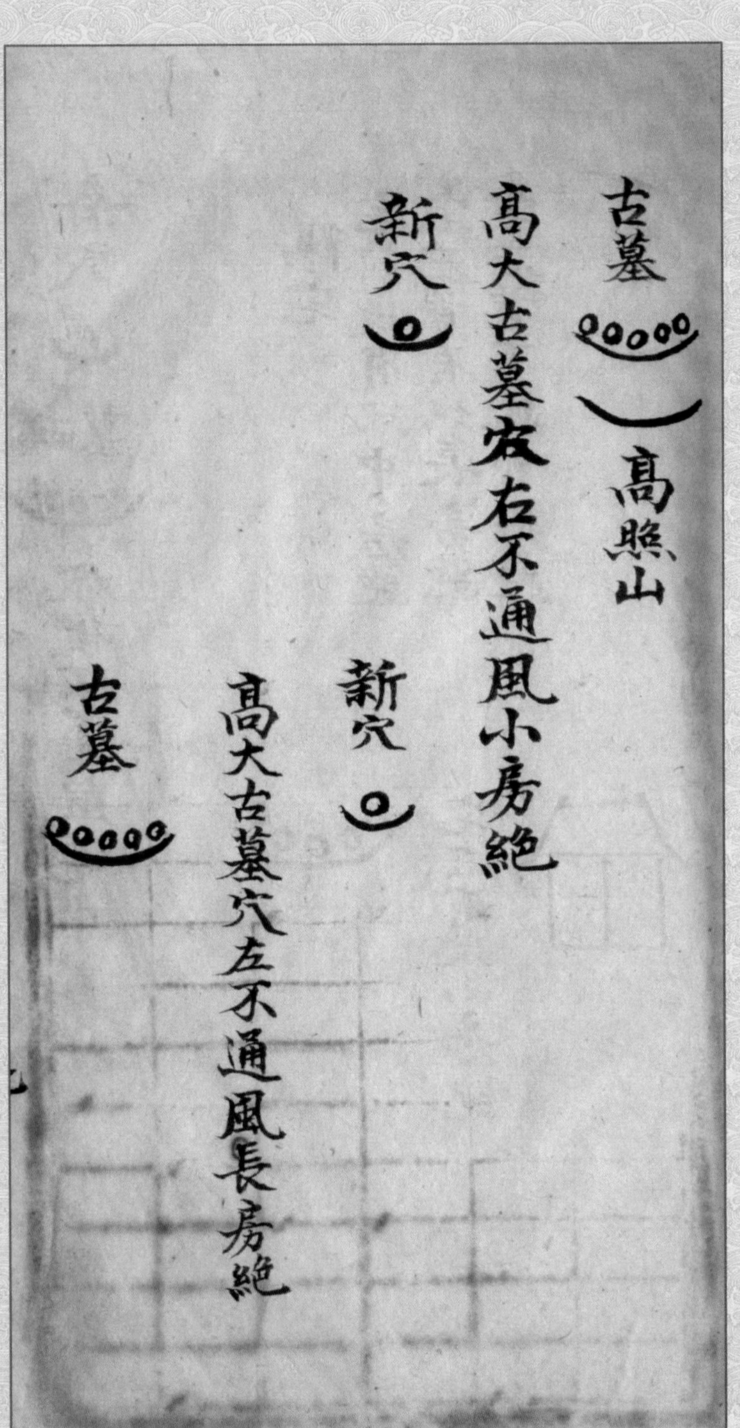

古墓

高照山

高大古墓穴右不通風小房絕

新穴

新穴

高大古墓穴左不通風長房絕

古墓

新穴

古墓

穴後不通風絶中房

陽宅

宅前後有坟中房絶

宅左首有坟長房絶

宅右首有坟小房絶

宅右有坟小房絶

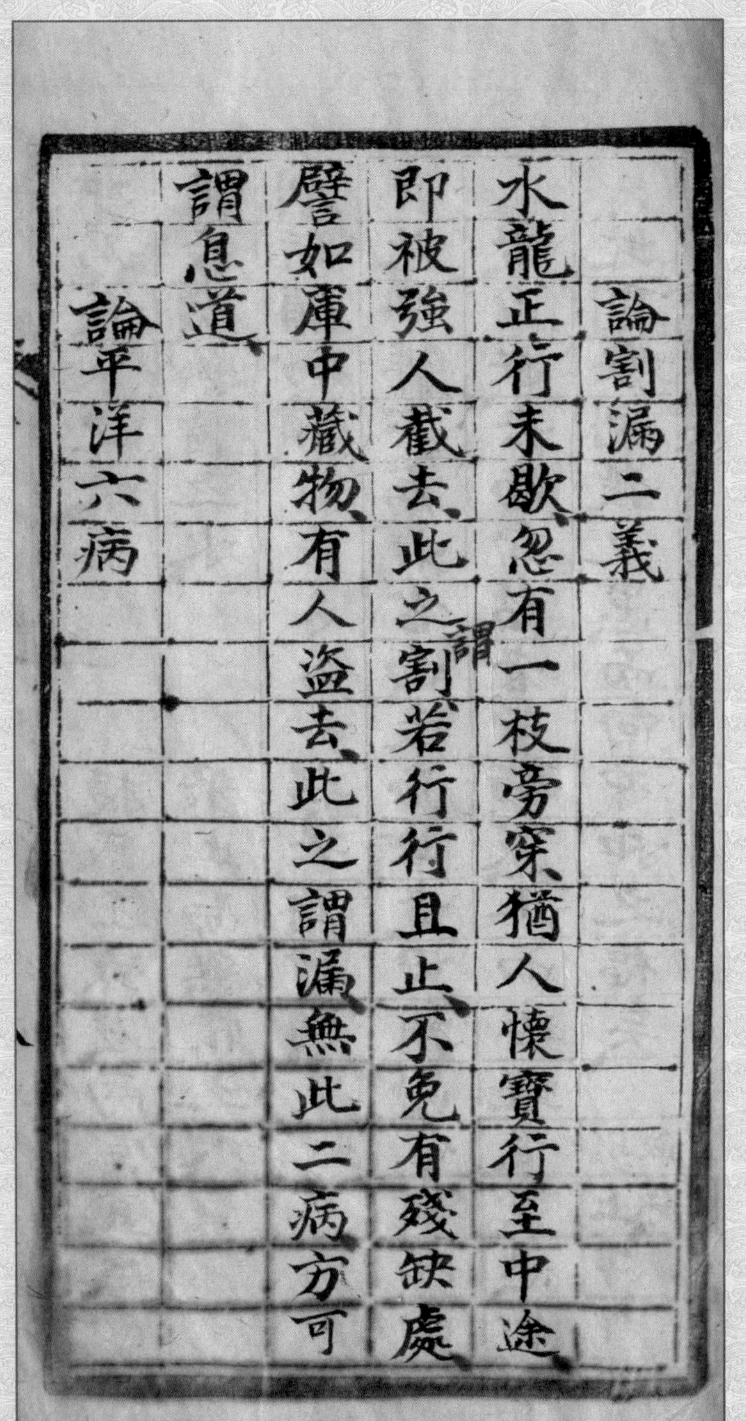

論割漏二義

水龍正行未歇忽有一枝旁穿猶人懷寶行至中途即被強人截去此之謂割若行行且止不免有殘缺處譬如庫中藏物有人盜去此之謂漏無此二病方可謂息道

論平洋六病

冲乃直來之水、　撞或左或右兩宮直水

走去而無情之水　飛止而無情之水

刑斷頭砂類　殺共頭砂類

此平洋六病若當面來而曲者曰朝兩旁來而曲者曰拱去而句留者曰顧家止而委蜿者繫戀如此則無刑殺之患而向冲和之福矣

以上字字血脉

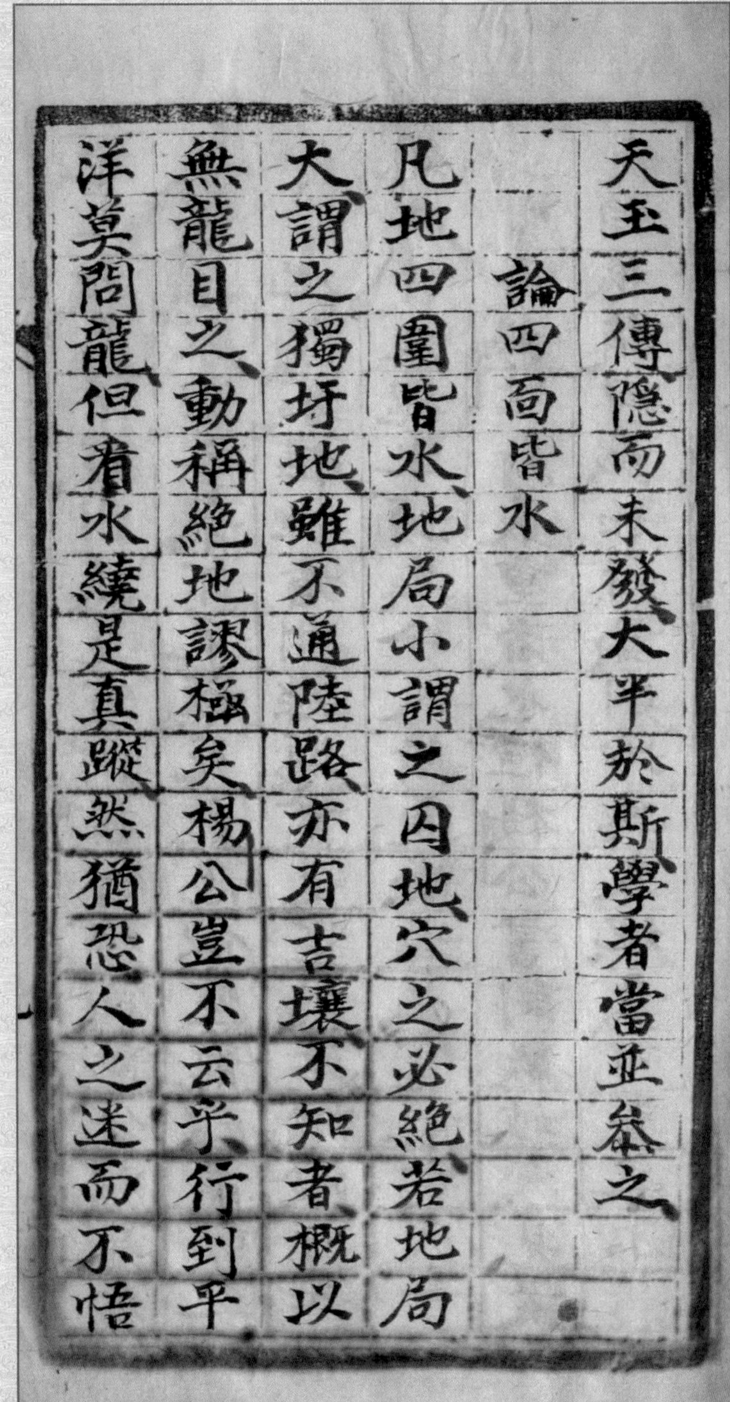
天玉三傳隱而未發大平於斯學者當並參之

論四面皆水

凡地四圍皆水地局小謂之囚地穴之必絕若地局大謂之獨圩地雖不通陸路亦有吉壞不知者概以無龍目之動稱絕地謬極矣楊公豈不云乎行到平洋莫問龍但看水繞是真蹤然猶恐人之迷而不悟

也又曰天下軍州總是空何撑着後頭龍分明見者生疑惑不下空龍下死龍死龍怎似空龍活龍動之時天地闔不信但看州縣塲盡是空龍活潑潑可知死龍者大塊之頑炁今人所通尚者也空龍者天一之靈炁楊公所最重者也但楊公書詞微妙淺見者反相抵誚曰誠如所論則坤輿大地竟可置之不

用也不知土為地之肉水為地之血血肉本是相須不可偏廢但有地而無水猶有肉而無血求其生氣必不可得曰然則得水之地必無敗絕者耶曰何為其然也穴之富貴與敗絕其中作法有異皆所以見水龍之徵應又何疑水龍之非龍百里長朝而結軍州大郡水中地湖蕩局全無根蒂而得水泛蔭不嫌

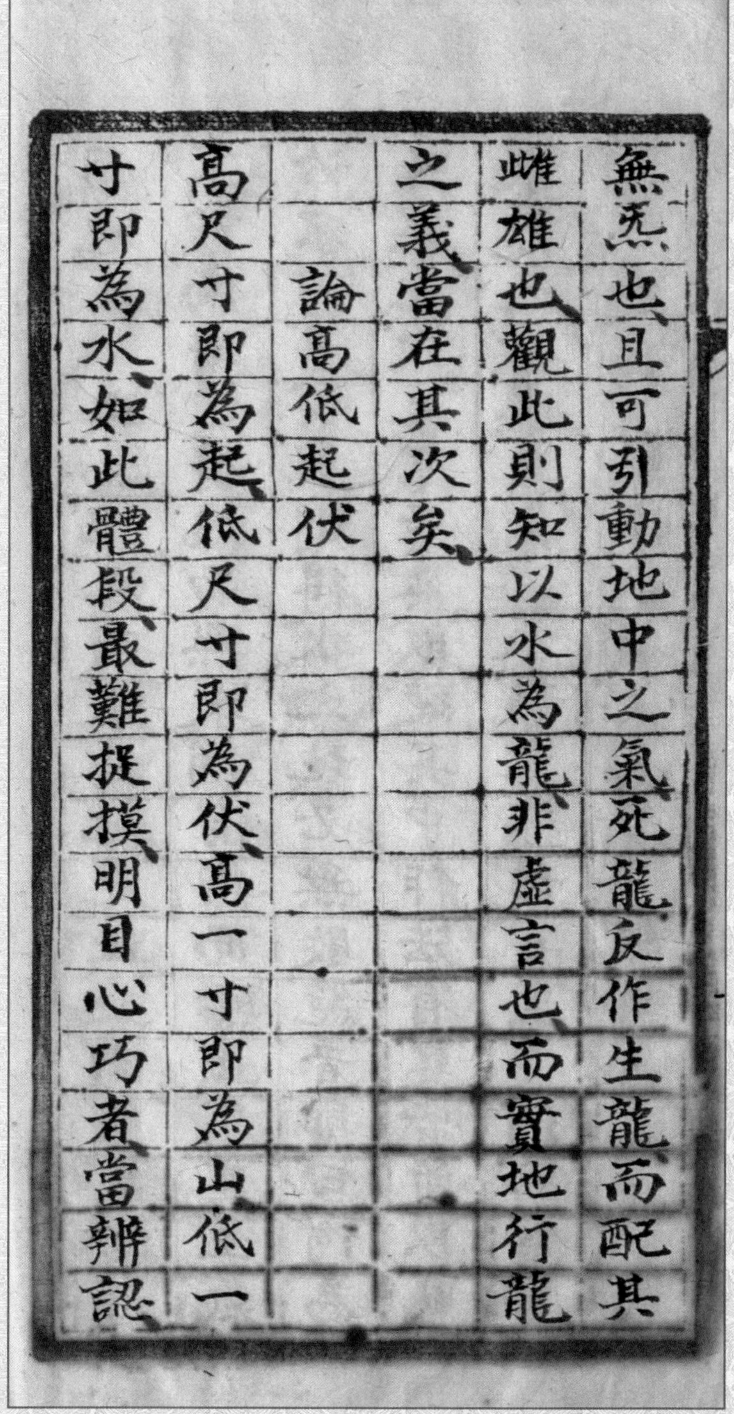

無炁也，且可引動地中之氣，死龍反作生龍，而配其雌雄也。觀此則知以水為龍，非虛言也，而實地行龍之義，當在其次矣。

論高低起伏

高尺寸即為起，低尺寸即為伏，高一寸即為山，低一寸即為水，如此體段最難提摸，明目心巧者當辨認

論地水相稱

書云地寬厚而水不顧者有他顧之憂水太盛而砂不足者有覆宗之禍水小欲緊大水欲寬大水近邊莫尋穴下後人丁絕小水亂灣細察踪𡊵著出三公又云平洋大地何為蹤東西只認水為龍藏踪閃跡在田中水繞是真龍此龍不離水水不離龍之謂也

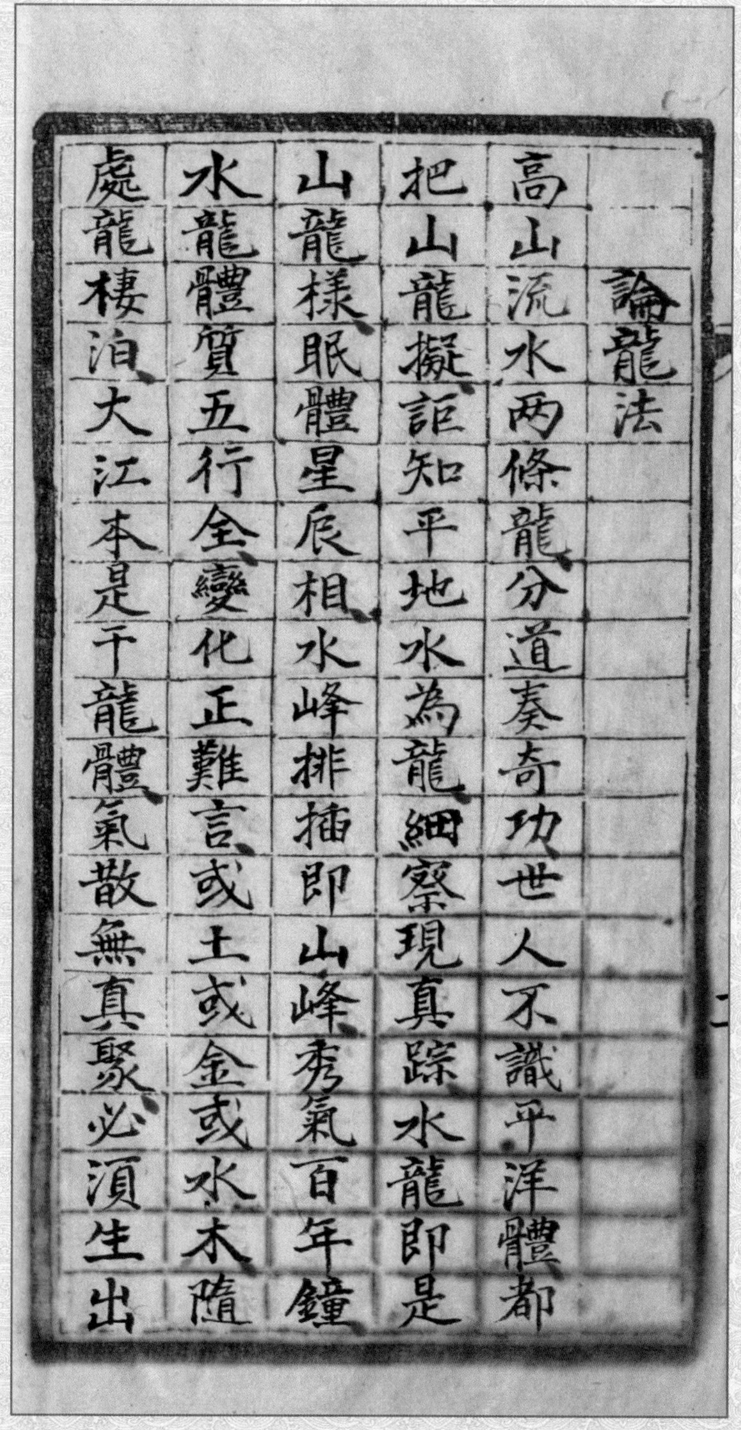

論龍法

高山流水两條龍分道奏奇功世人不識平洋體都把山龍擬詎知平地水為龍細察現真踪水龍即是山龍様眠體星辰相水峰排插即山峰秀氣百年鍾水龍體質五行全變化正難言或土或金或水木隨處龍棲泊大江本是干龍體氣散無真聚必須生出

嫩枝條花木發夭夭枝水盤旋止不流真龍在裏頭
蟠得真龍怎不洩發福無休歇龍神洩處短枝多界
插不模糊界得真龍頭角清愈見有精神更有水龍
奇妙處撑背如山立頂門接著後來龍莖可奪神功
非惟坵墓座當空軍州理一同玄武長朝百十里方
是軍州地水冲龍背下空龍此法本楊公不信但看

荷葉地四面皆環水何曾有脉地中連富貴出天然

須地局大方好再看湖中瀠蕩龍也出大豪雄渾如鷗鳥浸

虛空何處去尋龍一言鑿破鴻濛竅幷作皆真兆請

從空處看龍神精義妙無論更有陰陽交媾法剖拆

與君說水龍帀起地中龍對待配雌雄此是形家真

妙訣前賢多秘蜜吾今發出釋疑心傳於後來人

論點穴法

前篇龍法與君言穴法又宜參穴是龍神真結構炁
脈都收受尋龍識穴點龍睛傾刻便飛騰看穴先須
識五星詳載水龍經五星聚秀結成垣何德可承擔
星垣鉗有三十六無緣休著目不如隨地相星辰點
穴救人貧流神一抱如弓樣便是金星象曲折悠揚

最有情水宿現真形直硬無灣名曰末此星發福少
必須生出節芽來然後好安排可信火星如鋸側下
後生奚咸法宜前火去換金化殺作權星土星方正
性和平破腹壓奇莫散中取聚穴難尋收攝炁歸身
渟渟滴滴池湖脉正面君須識直水迎朝深受格退
後終須吉曲水炁象勢來雄遠點避其峰產死換生

法最精動靜測其情時而有穴居龍首水盡君知否
時而有穴居龍腹水流環一曲時而有穴居龍尾水
出之方是也有双双巧結成驪珠光夜明也有祥雲
捧月輪湧月落湖心也有真龍潛水底朝案山來會
奇奇怪怪結龍胎留與福人來蹤橫顛倒搜尋出怪
穴真奇鬬冲天獨火發燒金閃爍吐光明悠揚弱水

逢堅土力厚彌深固重重覆覆在深林不怕木來侵
森森衆木遇強金斲削反成林五星繚亂紛紛雜必
有真星出一星卓立衆星朝俯伏似臣僚地靈盤結
應星文大造秉權衡踏遍江湖遇亦稀緘口不須題
請從垣外究精微三格頗相宜坐水騎龍格第一悠
久真無敵其次挾龍水側朝合矩步雲賓前朝曲水

攀龍格坐得流神吉更加吊角與飛邊穴法自周全
更有美中不足形此處要詳論穴體忽然生一凹風
入非佳兆前後傍邊若有虧公位按房推一篇穴法
俱精妙說出人通曉勸君細去認星辰不出五行形
精得五星穴自明到處有人欽

論水法

光明如鏡聚天心、富貴好家聲、水流屈曲似生蛇、世代享榮華、倘然直走不回頭、退盡好田牛、水象彤弓初上弦、家內足田園、若是過堂弓一反、立見資財散當腰一反最無情、枉死少年人、水若抱身復抱身、家富斗量金、抱身太過裏頭城、誤下絕兒孫、水流出去又朝回、衣錦晝榮歸、若是斜牽形反走、客死在他州

抱城曲轉如牛角銀餅金盞托擺頭反出兩分開家

業化塵埃水若墳前執一笏下後高官出笏頭倒轉

是搥胸官事少亡凶水如插筆兩邊排薦舉有文才

倘然反插破墳腰少死定無逃大怕如鎗直射墳射

着死兒孫左邊射入長房當定主有刑傷向頭射入

中男死右射小房否刀鎗惡水號天罡臨刑到法場

火叉十字名交劍徒配強人見忽然伸脚似鐮鈎做
賊夜行偷水横一字似綳繩骨肉少恩情面前八字
水分流父母總成讐水形粗細象蔴繩斷出吊樑人
飄飄斜出如裙帶婦女還情債蛾眉蹺足最邪浮月
下伴情人明此一篇看水法好歹從渠説更加作法
辨詳明挟術自通神

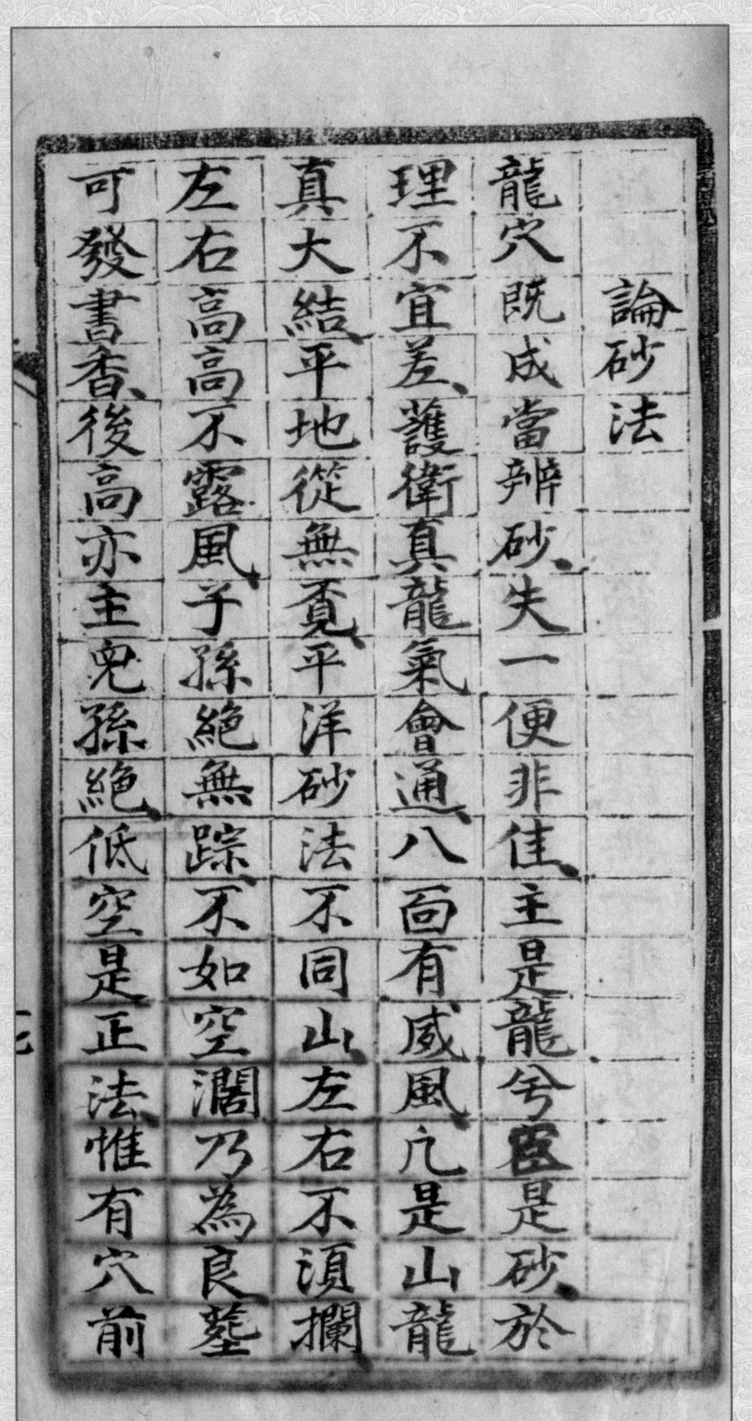

論砂法

龍穴既成當辨砂失一便非佳主是龍兮賓是砂於理不宜差護衛真龍氣會通八面有威風凡是山龍真大結平地從無覓平洋砂法不同山左右不須攔左右高高不露風子孫絕無踪不如空闊乃爲良壟可發書香後高亦主兒孫絕低空是正法惟有穴前

不可低財耗應無疑平田高尺即為砂貧富不曾差
砂要門前起拜堂端拱不尋常顧穴多情若抱亏衣
祿定然豐遠如階級漸增高家内產英豪羅列高低
疊在前貫朽不知年又有好砂隨水出奇秀真無匹
玲瓏巧妙筆難描體格最清高旗鼓排衙事事奇到
處使人迷交牀踏節并展誥無一非精妙或如玉機

橫為案貴顯榮華斷或如印笏向前排領職拜京臺
或如筆硯宛然呈翰苑有聲名或是倉廒或是庫財
穀應無數或如注籤或銀餅豪富冠鄉城或即琴鶴
或龜蛇修煉八仙家左右排來衛穴星芙渠水向擎
重重後托列如屏撐住後龍身簇聚波心似列星結
構有精神水鄉多有砂如此只要留心視賤砂亦在

水中生看出露乖形水反砂形隨水反此處何須戀
縱然好龍出奸臣不必細追尋水折鉤回砂刺向盜
賊徒流見砂如裂碎破旗形劫掠勢縱橫亂衣舞袖
反掀裙娼妓主淫奔葫蘆賣藥出醫人倒藥自亡身
曲尺鉗槌技藝人多作賤砂稱奸邪貞正總由砂徵
應必無差砂形繁雜有千般筆下寫全難只在隨機

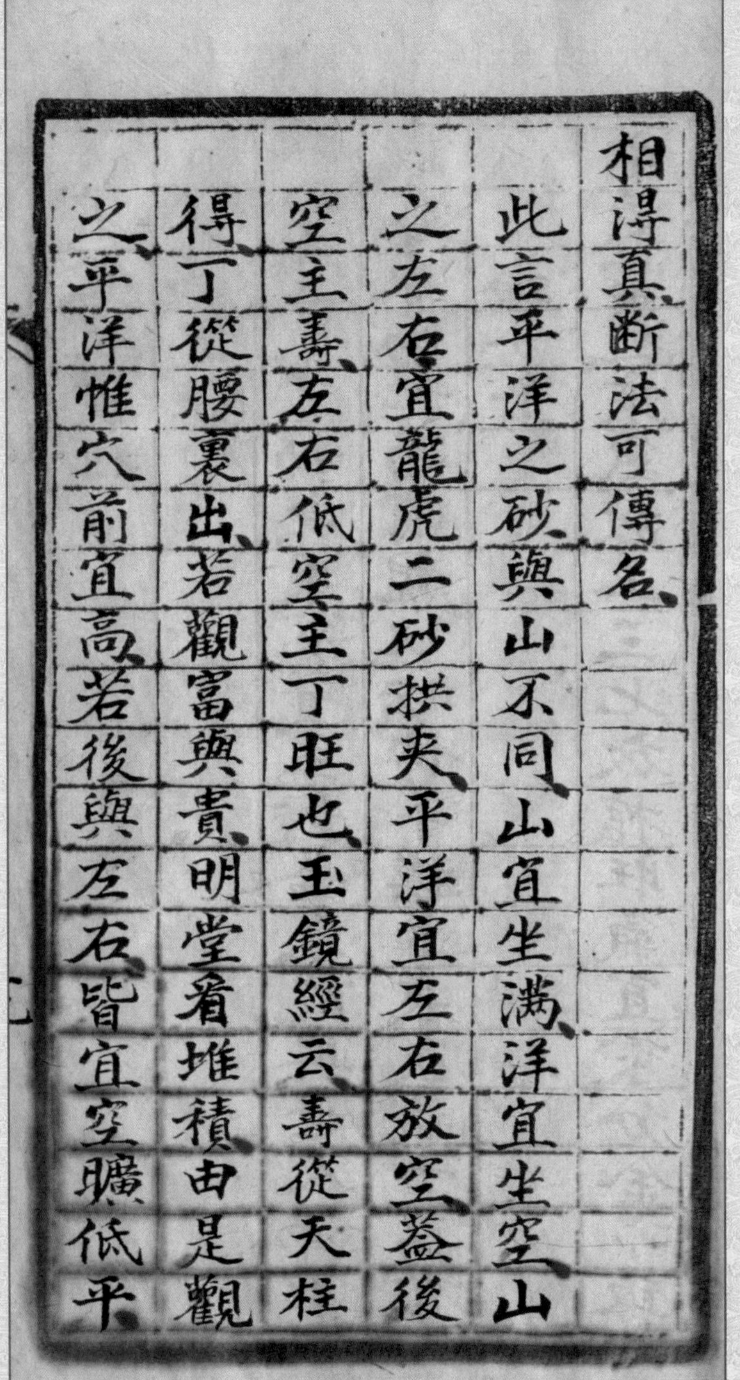

相得真斷法可傳名

此言平洋之砂與山不同山宜生滿洋宜坐空山之左右宜龍虎二砂拱夾平洋宜左右放空蓋後空主壽左右低空主丁旺也玉鏡經云壽從天柱得丁從腰裏出若觀富與貴明堂看堆積由是觀之平洋惟穴前宜高若後與左右皆宜空曠低平

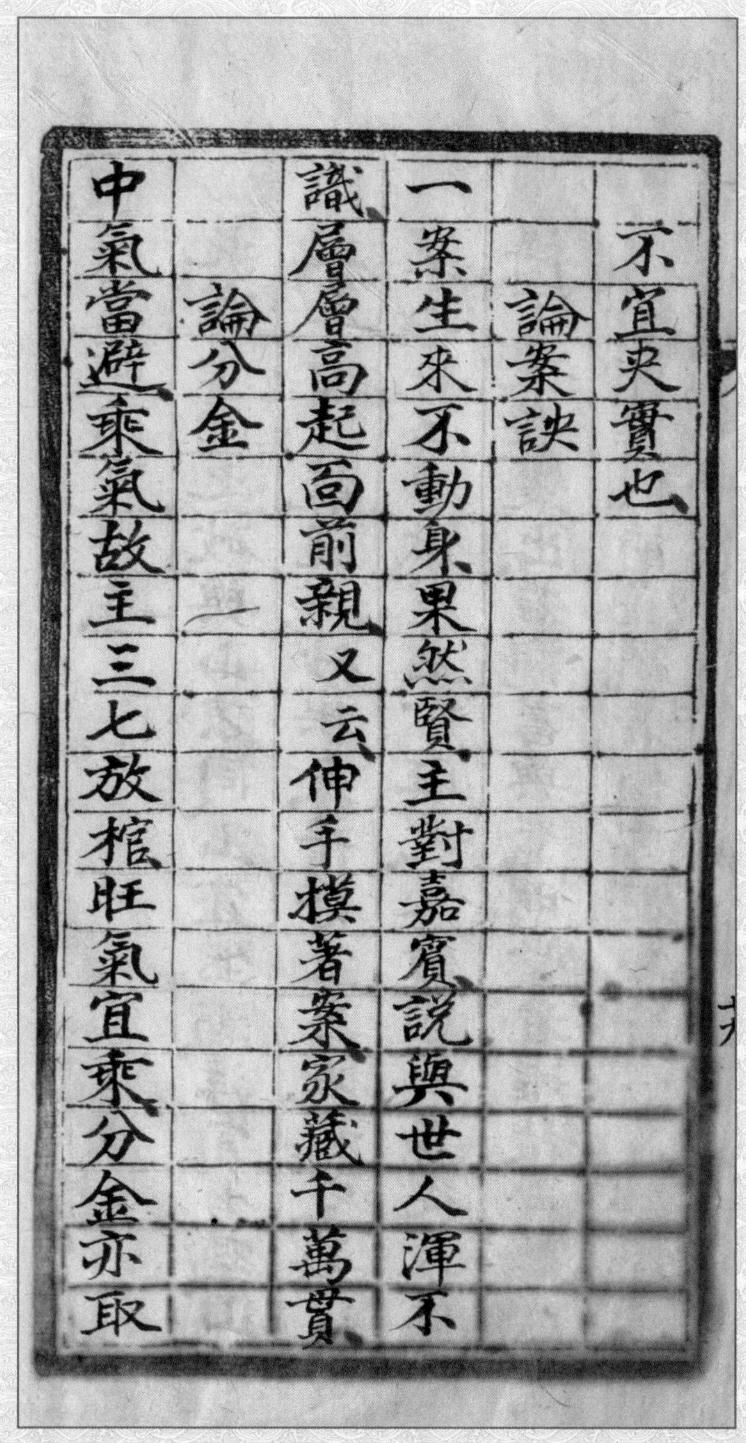

不宜夾實也

論案訣

一案生來不動身果然賢主對嘉賓說與世人渾不識層層高起面前親又云伸手摸著案家藏千萬貫

論分金

中氣當避乘氣故主三七放棺旺氣宜乘分金亦取

三七加向

此言乘氣坐向迎生避煞之法也三七者二十四山每山分九分其七分三分處是也一二分八九分處則八山太淺而犯雜氣四五六分則入宮太深而犯殺氣益二十四山之中地支則犯正冲殺而干維又是大空亡也惟三分七分處正當分金之丙丁庚辛不淺不深為干維中和之地不孤不虛為五行旺相之鄉故乘氣與加向皆以此為準繩後人倣此用之可免悞人自悞

論立向

凡來龍當就本身格其骨次就穴場格其位總之不可出卦凡數折之水與環抱之水皆當格其骨格準曲水之骨方能識龍格準抱水之骨方能識局識龍可合元運識局方能定向格橫抱水是子午當立卯酉向是寅申當立巳亥向斷不可走作又須看其四勢宜立南向最為吉利東西次之若論北向面前有

砂案可立否則難免北風之吹是以不可立也

論金井作法

塟者藏也最喜藏風聚氣若高露則氣不聚風不藏便非佳地若金井太深氣從上過若太淺氣從下過置棺木於不淺不深之間譬如甑中蒸物不著於水不離於水總之以界水為準界水深則金井可深界

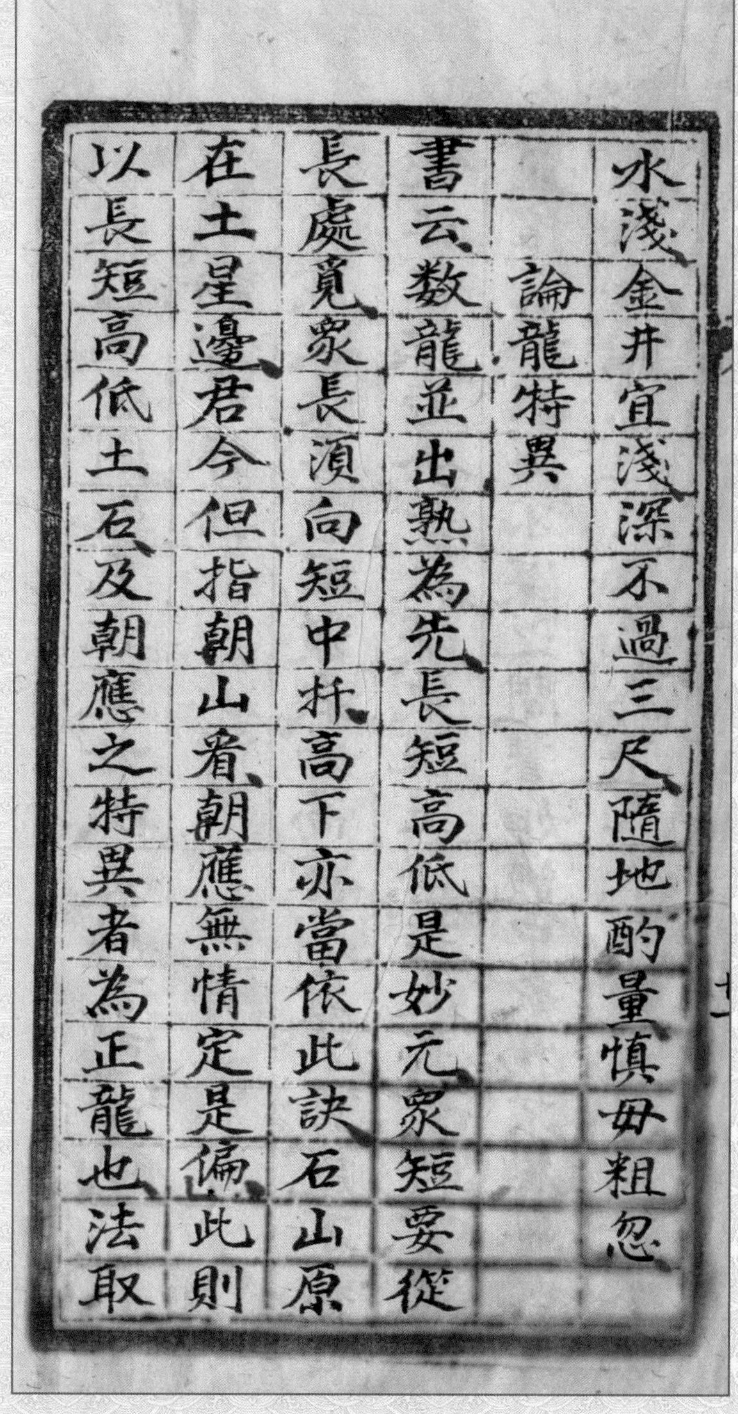
水淺金井宜淺深不過三尺隨地酌量慎毋粗忽

論龍特異

書云數龍並出熟為先長短高低是妙元衆短要從長處覓衆長須向短中扦高下亦當依此訣石山原在土星邊君今但指朝山看朝應無情定是偏此則以長短高低土石及朝應之特異者為正龍也法取

衆長特短衆短特長衆小特大衆大特小衆直特曲
衆曲特直衆低特高衆散特聚

論氣色訣

龍有氣運有氣色氣運妙而難見氣色顯而易明山
有紫色如煙霧之象乃天降帝王之府有紫色無煙
霧之態實公卿屢產之鄉紅如脂樣聖帝班彩禮而

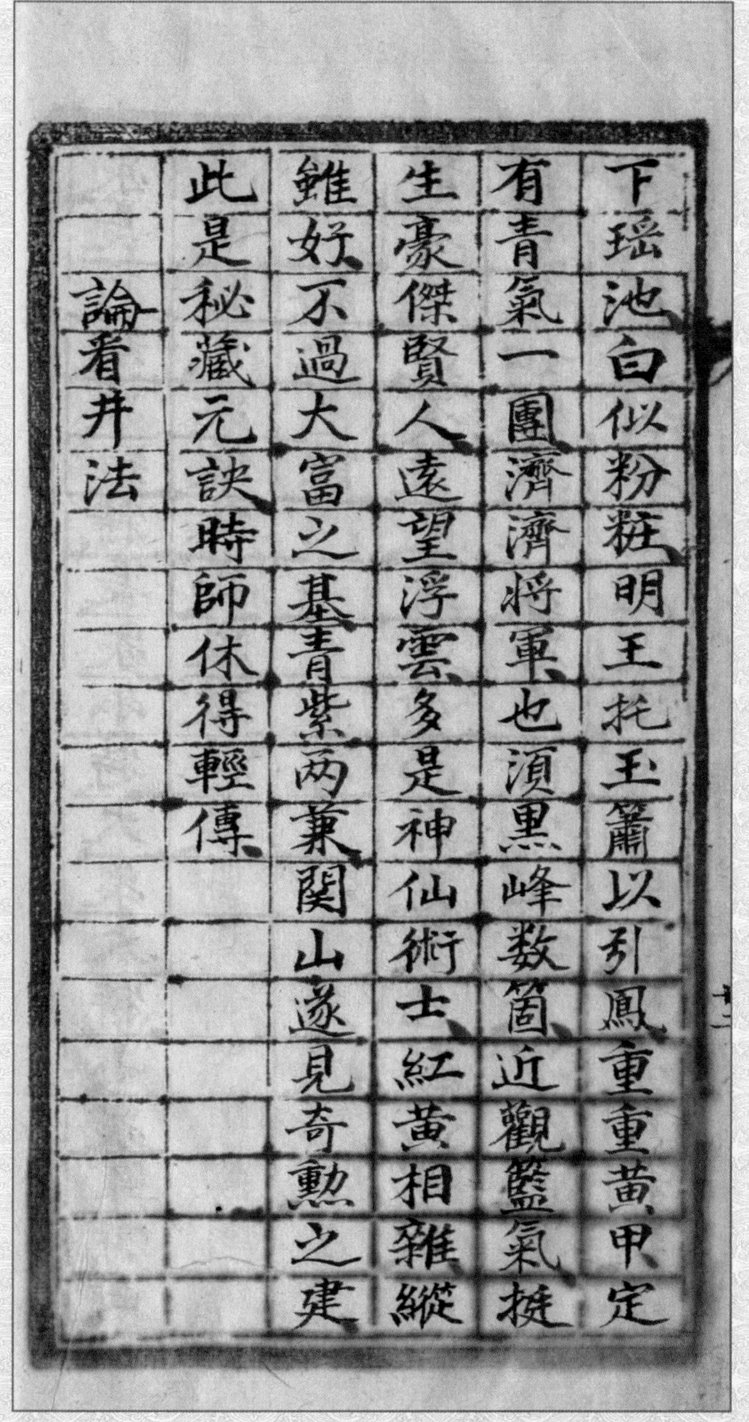

下瑤池白似粉粧明王托玉簫以引鳳重重黃甲定有青氣一團濟濟將軍也須黑峰數箇近觀藍氣挺生豪傑賢人遠望浮雲多是神仙術士紅黃相雜縱雖好不過大富之基青紫兩兼關山遂見奇勳之建此是秘藏元訣時師休得輕傳

論看井法

夜間以水盛碗內置於地上若碗內照見天上星多者地下必有甘泉掘之即得

房前井兜生癭堂後井癆瘵成中宮井害脾胃當門井鬼作祟傷龍脉人丁替至於方向以九宮生旺為妙如不合生旺則以方論之

訣曰子上穿井出顛人丑字兄弟不相親寅卯辰巳

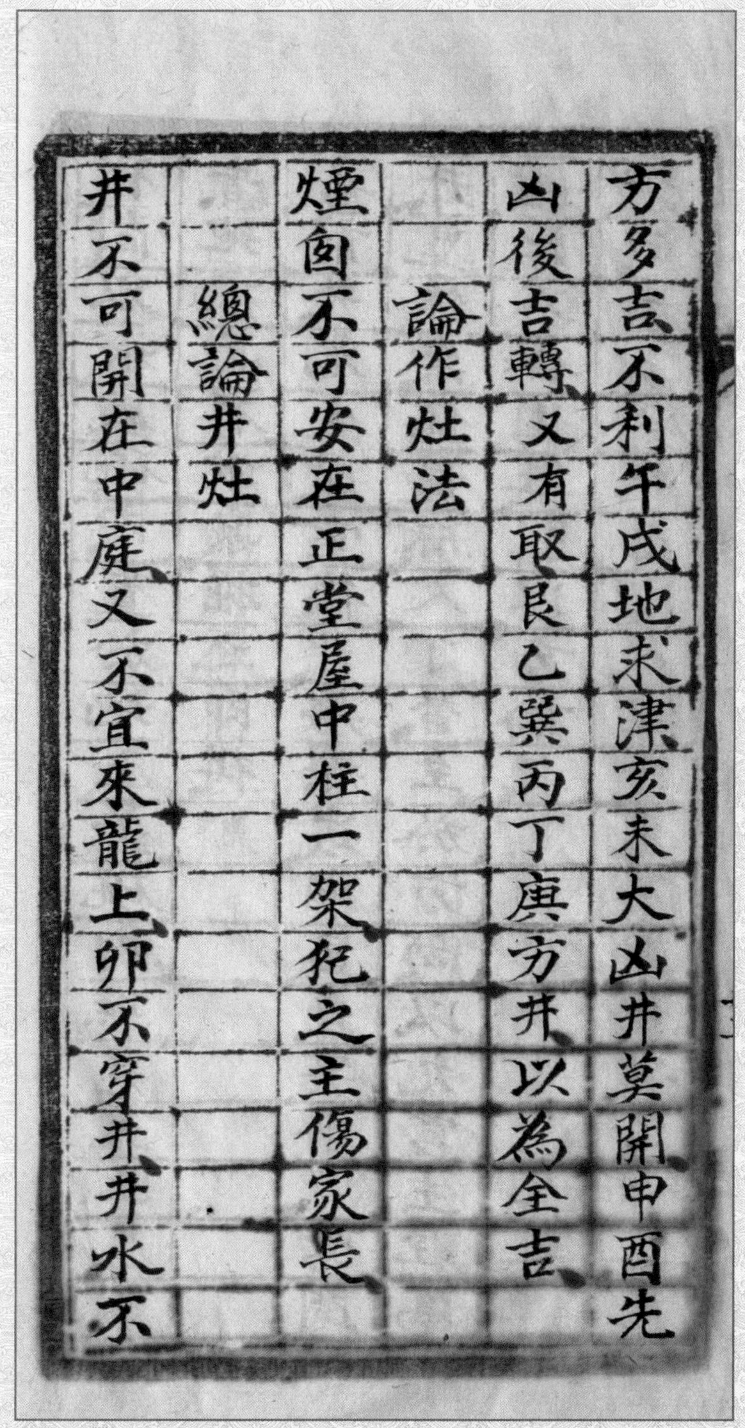

方多吉不利午戌地求津亥未大凶井莫開申酉先凶後吉轉又有取艮乙巽丙丁庚方井以為全吉

論作灶法

煙囱不可安在正堂屋中柱一架犯之主傷家長

總論井灶

井不可開在中庭又不宜來龍上卯不穿井井水不

和香不塞故井犯之主耳聾目瞎男女不可跨井皆
主不吉並忌婦女祀灶廳堂正屋作灶主災危井灶
不相連主虛耗井灶相看男女淫亂井北灶南子忤
逆井畔栽花事不興廳屋房前莫開井灶神不可向
東北主退敗
門前不可對煙囱土山墳墩及磚石堆主傷家長破

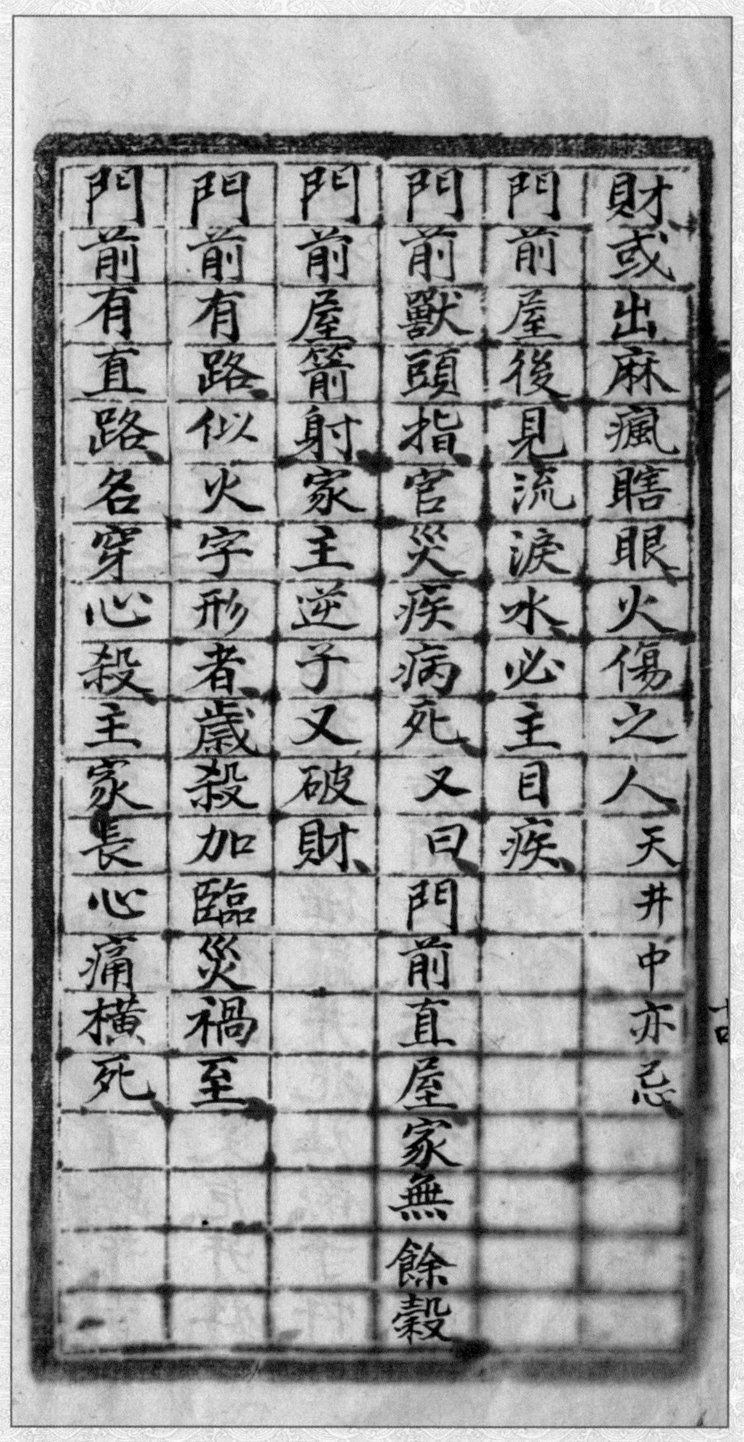

財或出麻瘋瞎眼火傷之人天井中亦忌

門前屋後見流淚水必主目疾

門前獸頭指宮災疾病死又曰門前直屋家無餘穀

門前屋箭射家主逆子又破財

門前有路似火字形者歲殺加臨災禍至

門前有直路各穿心殺主家長心痛橫死

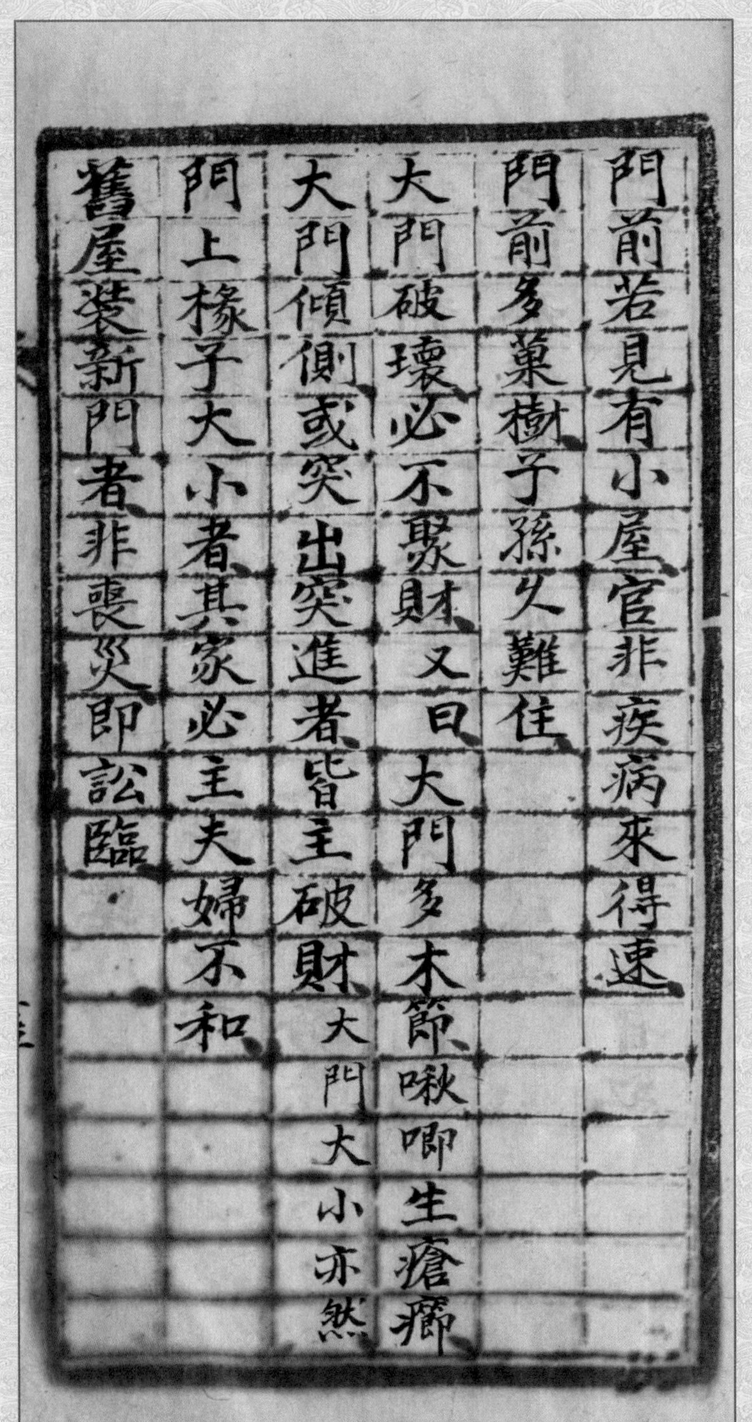

門前若見有小屋官非疾病來得速

門前多菓樹子孫久難住

大門破壞必不聚財　又曰大門多木節啾唧生瘡癬

大門傾側或突出突進者皆主破財　大門大小亦然

門上椽子大小者其家必主夫婦不和

舊屋裝新門者非喪災即訟臨

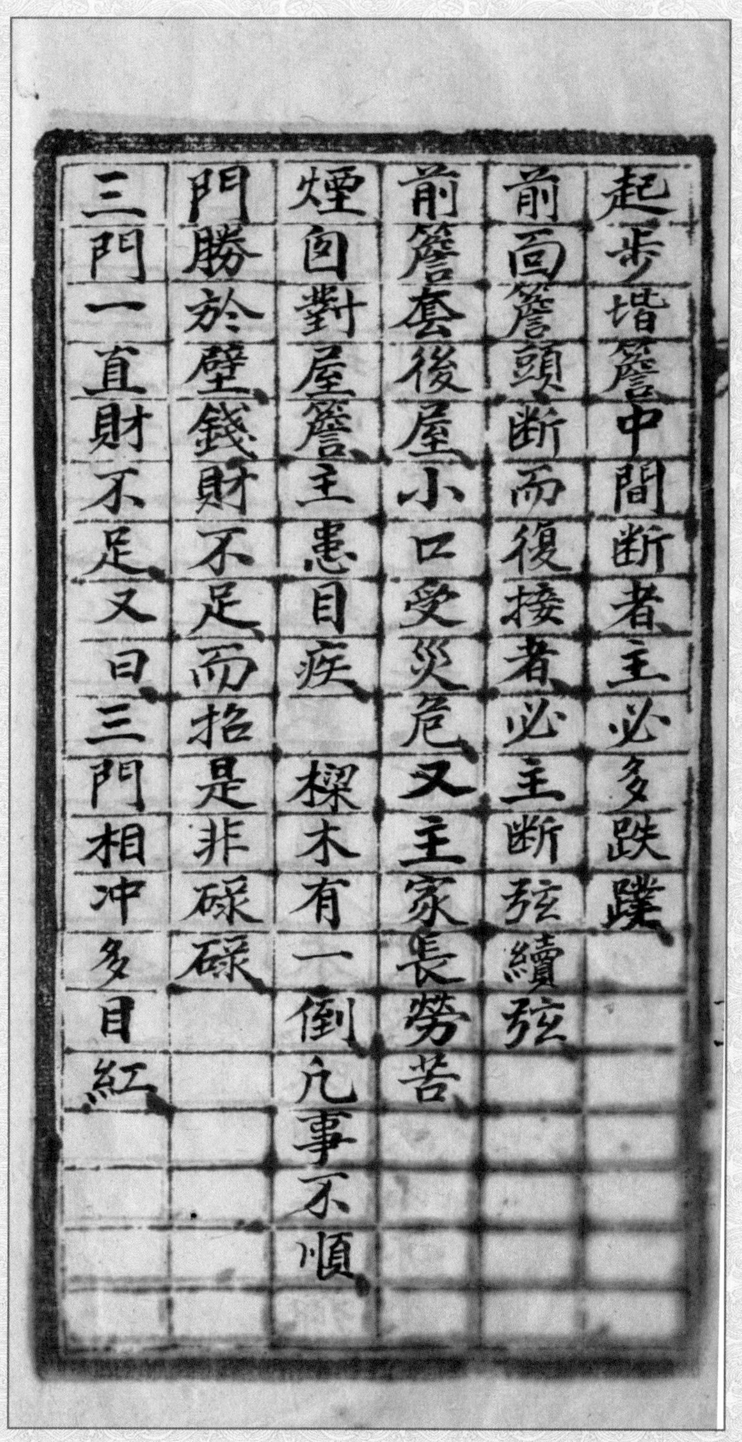

起步堦簷中間斷者主必多跌蹼
前面簷頭斷而復接者必主斷弦續弦
前簷套後屋小口受災危又主家長勞苦
煙囱對屋簷主患目疾　樑木有一倒凡事不順
門勝於壁錢財不足而招是非碌碌
三門一直財不足又曰三門相冲多目紅

三門一徑男子病

一門下出水財不聚

當門若有井婦人孤寡多癆病又主黃腫之病如若門對井家招邪祟

前柱冲後柱冲不遭心痛惱主翁

屋後直射為暗箭殺主招橫禍傷家長偏左家長右婦人心痛

露柱不覆主小口頭殤婦人傷孕

大樹生枯枝陰人疾病不相宜屋上窠鵲在者亦然

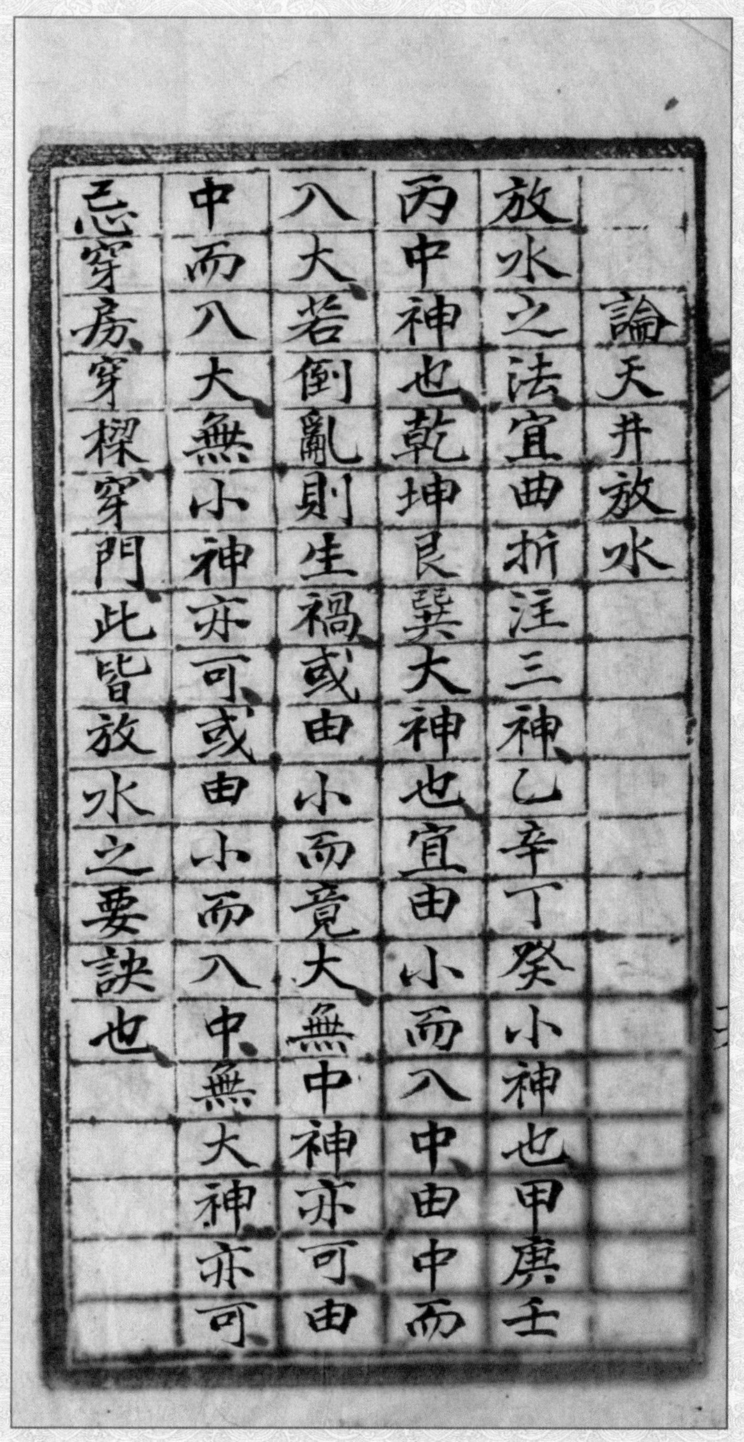

論天井放水

放水之法宜曲折注三神乙辛丁癸小神也甲庚壬丙中神也乾坤艮巽大神也宜由小而入中由中而入大若倒亂則生禍或由小而竟大無中神亦可由中而入大無小神亦可或由小而入中無大神亦可忌穿房穿樑穿門此皆放水之要訣也

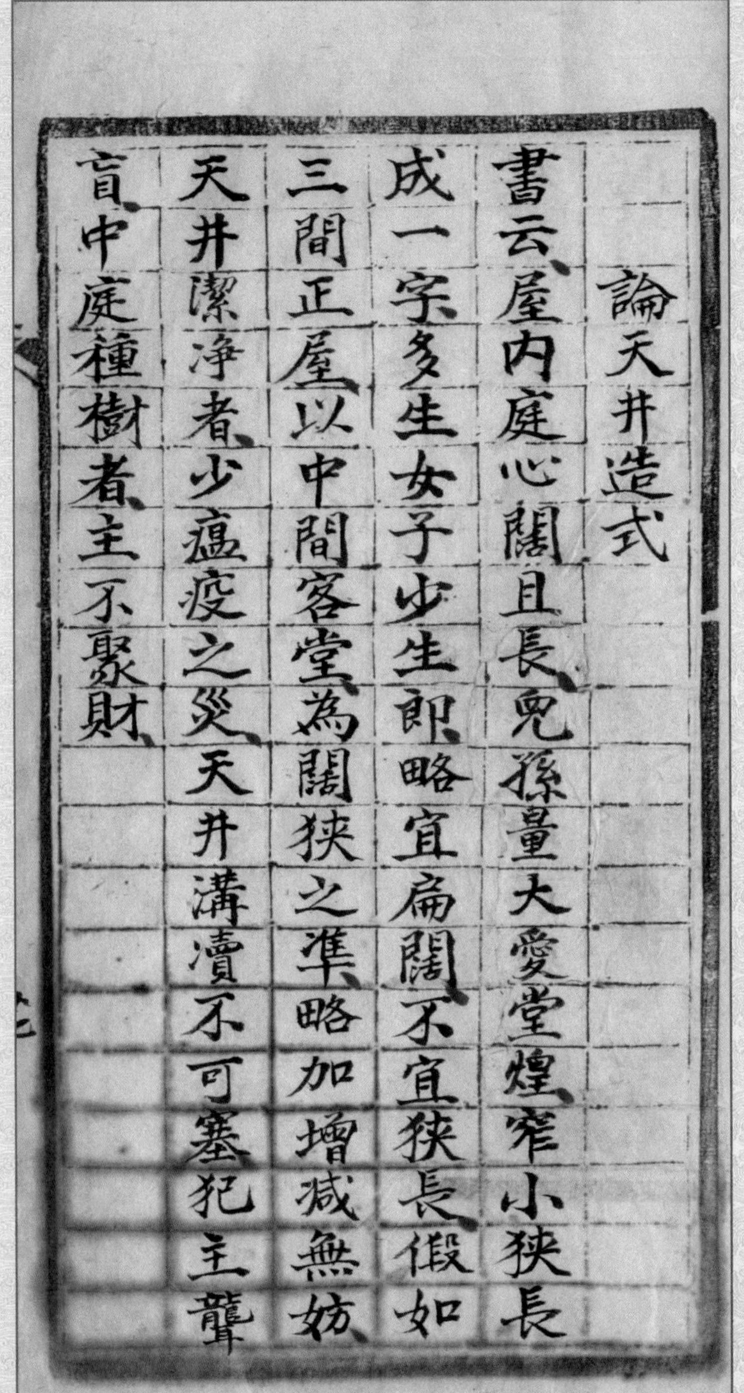

論天井造式

書云屋內庭心闊且長兒孫量大愛堂煌窄小狹長成一字多生女子少生郎略宜扁闊不宜狹長假如三間正屋以中間客堂為闊狹之準略加增減無妨天井潔淨者少瘟疫之災天井溝瀆不可塞犯主聾盲中庭種樹者主不聚財

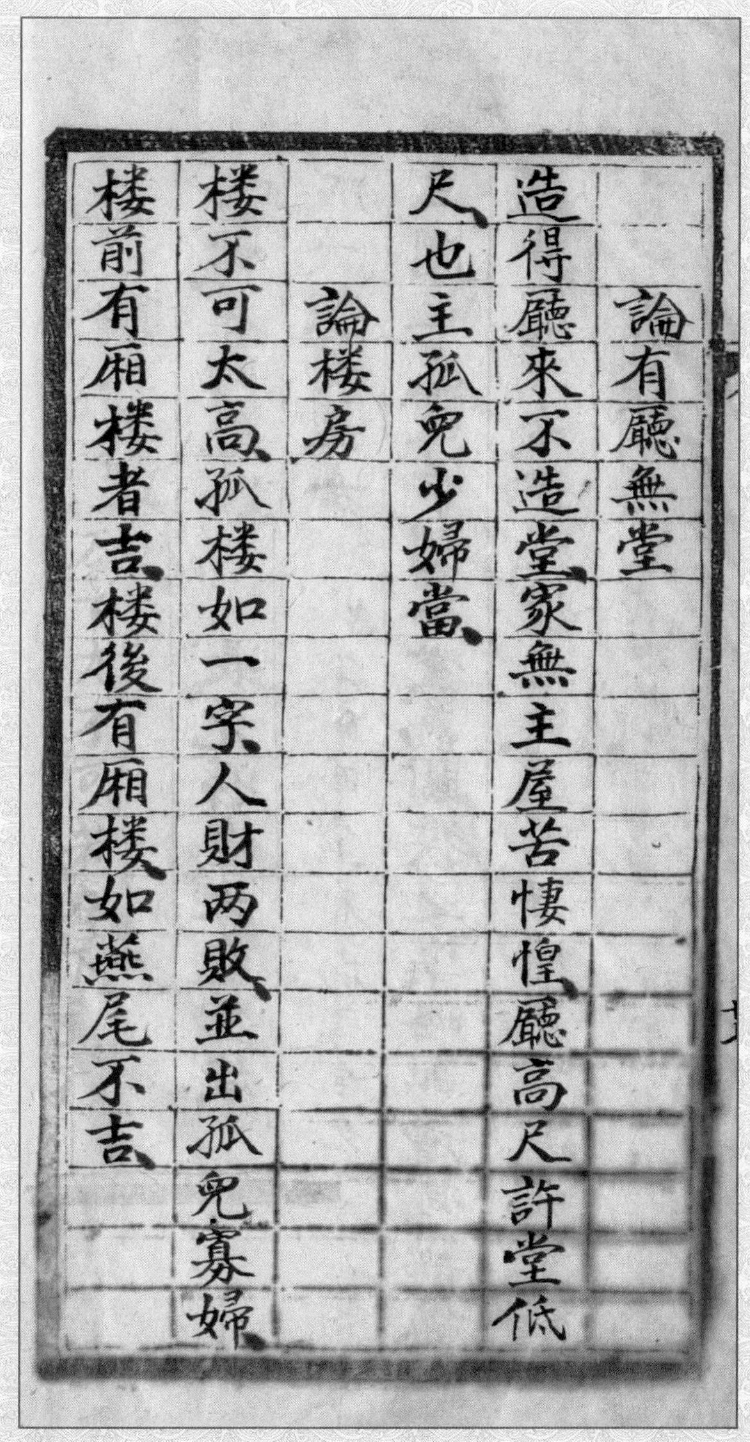

論有廳無堂

造得廳來不造堂、家無主屋苦悽惶、廳高尺許堂低尺、也主孤兒少婦當、

論樓房

樓不可太高、孤樓如一字、人財兩敗、並出孤兒寡婦、樓前有廂樓者吉、樓後有廂樓如燕尾不吉、

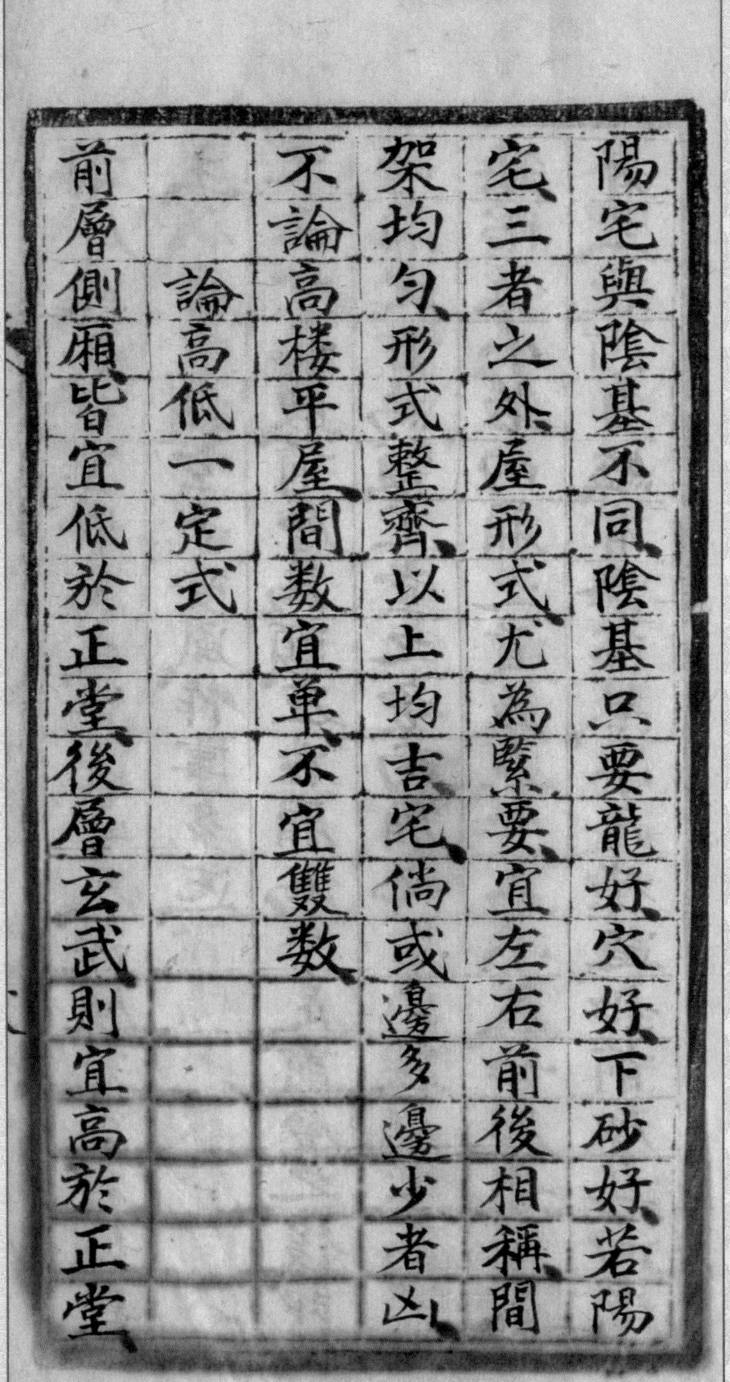

陽宅與陰基不同陰基只要龍好穴好下砂好若陽宅三者之外屋形式尤為緊要宜左右前後相稱間架均匀形式整齊以上均吉宅倘或邊多邊少者凶不論高樓平屋間数宜單不宜雙数

論高低一定式

前層側廂皆宜低於正堂後層玄武則宜高於正堂

前層過高名客勝主出昏迷之人兩廂若高名奴欺主孤寡常招玄武受風作事多迍

又正堂為腹前層為頭左右廂為手足前層之後即兩廂之首為頸正堂之旁兩廂之中為腰頭上不宜缺陷低小若兩廂之首另造一二小屋如廂房之向者主投河自縊有路亦然小屋橫造如前層之向者

各啣屍主路死他鄉空缺則為斷頭主外亡自弔腰
上不宜有路常招鬼怪盜賊並主自縊前後層不宜
與正堂各向若自外而入者主異姓同居或招贅壻
自內而出者主遠出外亡自外而入者從外數至內
也如前層未向正堂丁向前層左首向外右首向內
數從左起則自外而入矣自內而出者從內數向外

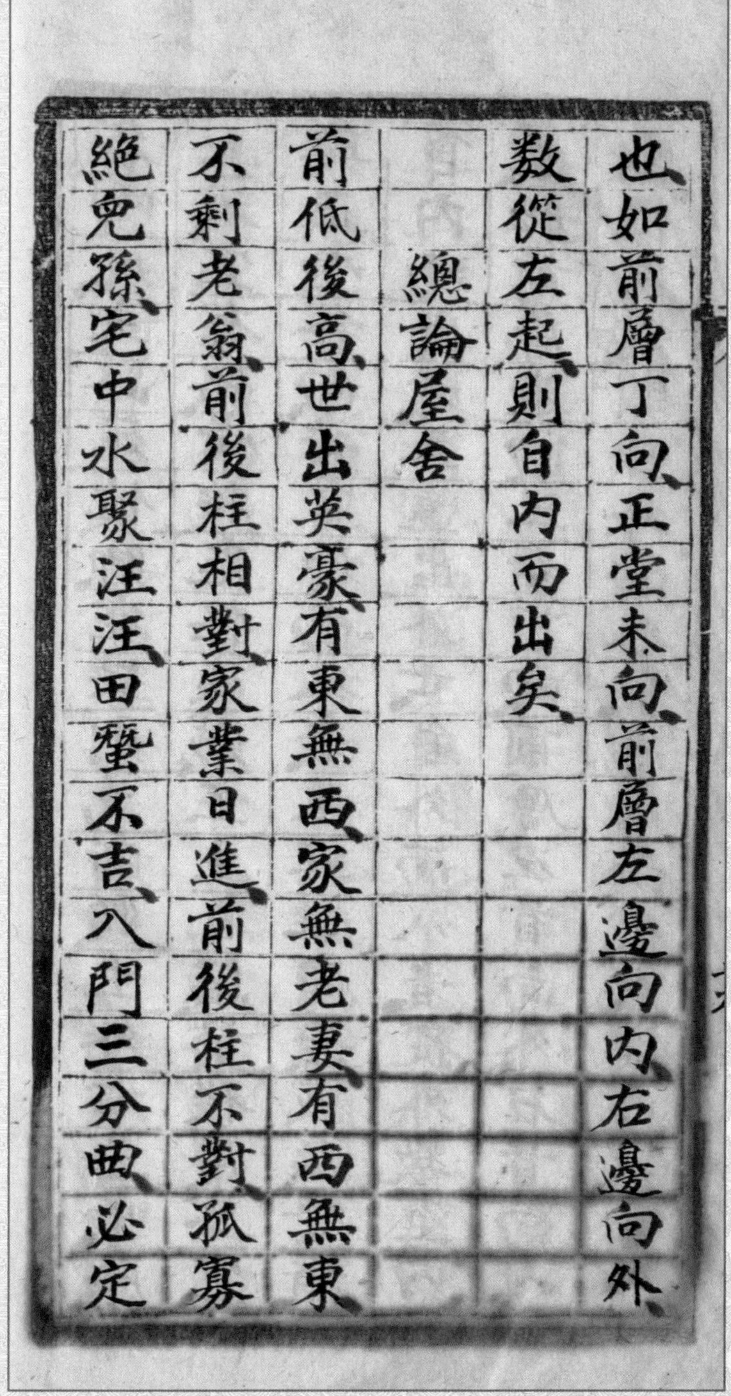

也如前層丁向正堂未向前層左邊向內右邊向外数從左起則自內而出矣

總論屋舍

前低後高世出英豪有東無西家無老妻有西無東不剩老翁前後柱相對家業日進前後柱不對孤寡絕兜孫宅中水聚汪汪田蚕不吉入門三分曲必定

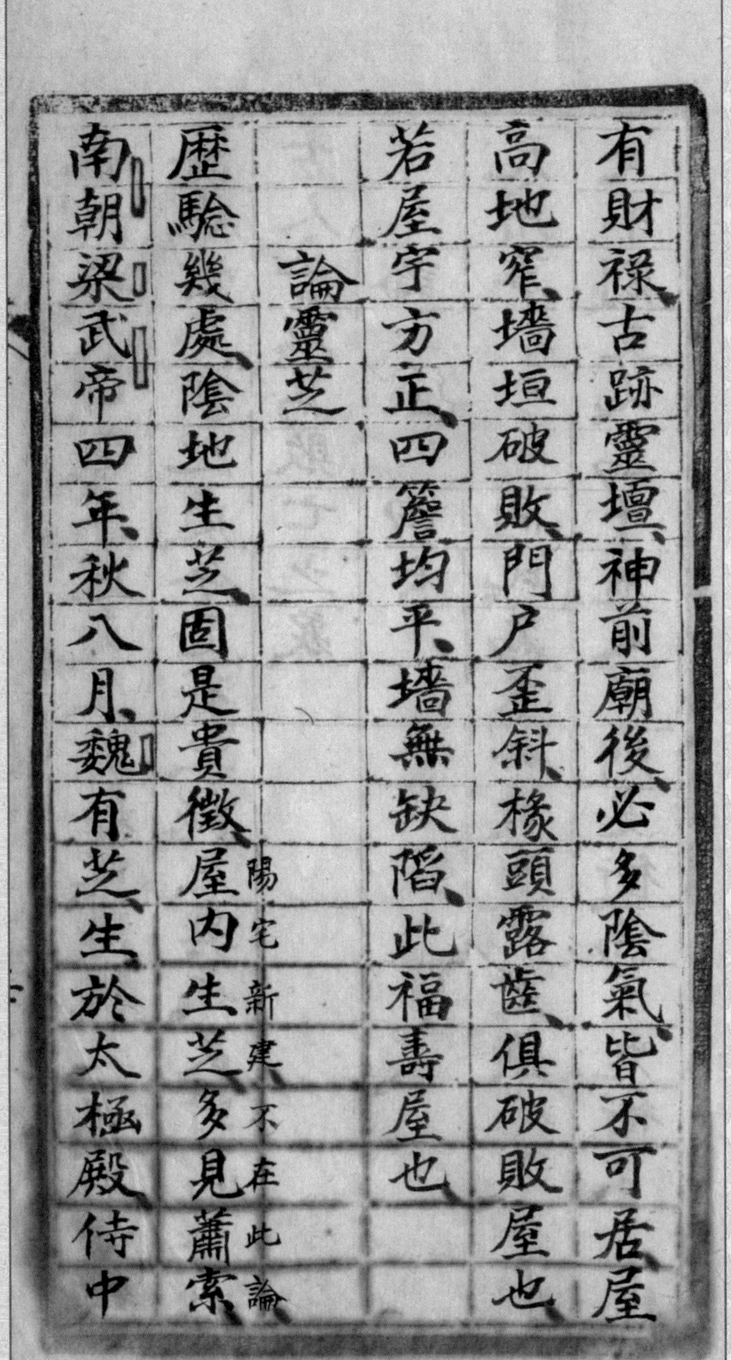

有財祿古跡靈壇神前廟後必多陰氣皆不可居屋

高地窄墻垣破敗門户歪斜椽頭露簷俱破敗屋也

若屋宇方正四簷均平墻無缺陷此福壽屋也

論靈芝

歷驗幾處陰地生芝固是貴徵屋内生芝多見蕭索陽宅新建不在此論

南朝梁武帝四年秋八月魏有芝生於太極殿侍中

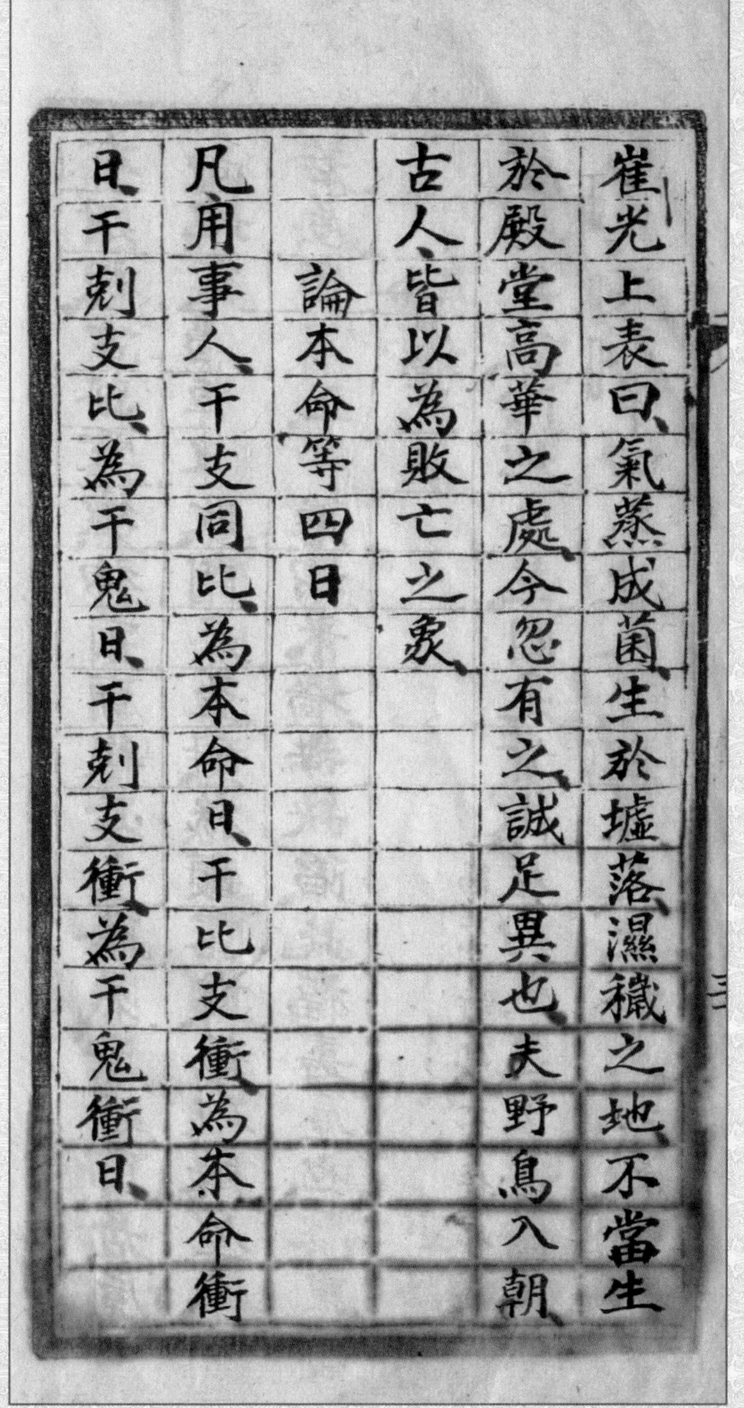

崔光上表曰、氣蒸成菌、生於墟落、濕穢之地、不當生於殿堂高華之處、今忽有之、誠足異也、夫野鳥入朝、古人皆以為敗亡之象、

論本命等四日

凡用事人、干支同比、為本命日、干比支衝、為本命衝日、干剋支比、為干鬼日、干剋支衝、為干鬼衝日、